絆で紡いだ人間模様

私の出会った先達の人生訓

白鳥正夫

Parade Books

はじめに

愛と人の絆の大切さを知り
夢を追い　夢に生きた人生
好奇心に満ち　未知の世界に憧れ
悠久の大地　シルクロードを旅し
感動の数々を伝え　書き遺した
そして　故郷の地に眠る

墓に刻んだ「私の人生」である。墓じまいの世に逆行し、２０２1年に墓を建てた。

昭和、平成、令和と生きてきた私も、後期高齢となり、ついに80歳代を迎える。平均寿命に近づいたとはいえ、正直よく生きた。その証を言葉にした。墓参りに来た孫たちへのメッセージでもある。

「人間五十年」とは、信長十八番の舞『敦盛』で知られる。「人間五十年　化天の内をくらぶれば　夢幻のごとくなり　一度生をうけ　滅せぬもののあるべきか～」の一節のように、人生は儚い。

日本人の平均寿命が50歳を超えたのが戦後になってからだという。その後、医学の進歩や健康意識の高まり、介護制度の充実もあって、２０１3年以降男女とも80歳を超え、さらに年々更新を続けてきた。

しかしこの2年やや下降した。その理由は新型コロナウィルス感染症の影響だ。それにしても地球上の一点で起こった事象が、あっという間に世界に拡散してしまう新型コロナの怖さを思い知った。

新型コロナ禍による死者は、２０２２年5月現在、約１５００万人（ＷＨＯ推計）となり、なお増え続けている。終戦の前の年に生まれた筆者は「戦争」を知らないが、新型コロナは目に見えない敵との「戦争」のように思う。超高齢化社会の日本は、重症化や死亡率が高く予期せぬ難事となっている。

非日常の生活を余儀なくされた私は、これほど命の儚さと、日常の大切さを思い知ったことはない。近年、「終活」という言葉をよく耳にしていたが、人生の最期に向けた活動のことは切実な問題となった。私にとっての「終活」は、断捨離といった身軽な生活設計ではなく、残りの人生を充実させ自分らしく生きるためという前向きな考えだ。

この書の趣旨もそこにある。これまでの生とこれからの生を思う時、多くの先達に出会い、その生き方から多くの示唆を受けた。かの昭和期の文芸評論家の亀井勝一郎氏が「人生は邂逅」との名言を遺している。新聞社で定年を迎えたこともあって、夢を追い、共に生きる社会を願い、先達との邂逅に恵まれ、人生をより豊かにしてくれた。

先達たちとの絆に紡がれた私の人生。感謝の言葉しかないが、ここに取り上げた先達の半数以上が鬼籍に入られた。やがて私もその時を迎える。ここに、先達たちの素晴らしい人間模様を書き残しておく。私の「終活」は、まさに「残夢整理」なのだ。

２０２３年12月吉日　新しい年の平和と安寧を願って　白鳥　正夫

目次

本書について

❖本書は、クリエイターの情報発信Webサイト「ｎｏｔｅ」に随時連載された「私の出会った先達の人生訓」(https://note.com/mahaktyo) の内容を再編集し、まとめたものです。

❖本書の装画は宮脇綾子さん（１９９５年死去）のアプリケ作品《ひなげし》（１９６９年）をデザインして使わせていただきました。

❖本書の掲載写真は、提供協力先など明記していないものは、原則として筆者が撮影、収集しました。一部アーティストの作品画像は、図録などから参考図版として掲載させていただきました。

❖本文中、故人となられているアーティストについては、敬称を略しています。

「令和」を考案、『万葉集』研究第一人者の中西進さん

未来志向の大学者、書斎に閉じこもらず行動

『万葉集』研究の第一人者の中西進さんは、新元号「令和」を考案した。万葉集巻五の序文に「初春の令月にして、気淑《きよ》く風和らぎ」が典拠となったとされる。中西さんは「令は秩序を持った美しさを意味し、和は聖徳太子の掲げた精神で平和な世を表現しています」と話されている。2013年には文化勲章を受賞された。日本を代表する国文学者に知己を得て、はや30年もの歳月が流れた。この間、数多くの教示を受け、思い出もよぎる。

1990年代の中西進さん

文化勲章受章、学長や館長など次々と歴任

中西さんは1929年東京都に生まれた。面識を得た時は60歳代半ばだったが、今や90歳代半ばも近い。かく記す私も、まもなく80歳。歳月は容赦なく進むが、中西さんは学者としての人生を全うし、輝かしい経歴と業績を積み重ねている。

まずはこれまでの主な経歴から。東京大学国文学科にて久松潜一先生に学ぶ。成城大学、プリンストン大学客員教授、筑波大学、国際日本文化研究センター教授などを務めた後、姫路文学館館長、大阪女子大学学長、帝塚山学院理事長・学院長、京都市立芸術大学学長。奈良県立万葉文化館館長、高志の国文学館館長を歴任する。

経歴に劣らず、業績もすばらしい。『万葉史の研究』で日本学士院賞、『万葉と海彼』で1990年第3回和辻哲郎文化賞、『源氏物語と白楽天』で1997年第二四回大佛次郎賞。2004年文化功労者、2005年瑞宝重光章受章。さらに2013年には文化勲章を受けている。1994年には皇居の宮殿で行われた新春恒例の歌会始の召人《めしうど》に選ばれた。

主な著書に『中西進万葉論集』(全八巻、講談社)『万葉集全訳注』(講談社文庫)『中西進日本文化をよむ』(全六巻、小沢書店)『傍注万葉秀歌選』(全三巻、四季社)『万葉古代学』(大和書房)『日本人の忘れもの』(ウェッジ)『中西進の万葉みらい塾』(朝日新聞社)など多数あり、『中西進著作集』(全三六巻、四季社)も刊行されている。

私が中西さんと初めてお会いしたのは、1995年に東京で開かれた東大寺文化講演会だった。私が在籍していた朝日新聞社が後援していたためで、その時は私が推薦した映画監督の新藤兼人さんに随行していた。講師は2人で、中西先生の演題は「聖武天皇の光と陰」。当

文化勲章祝う「ふくろうの会」(2013年)。後方は筆者

時、国際日本文化研究センター（略称日文研）教授を定年退官し、帝塚山学院大学の国際理解研究所所長に就任直後だった。

会食の席で名刺を交換し、お互い関西在住であることから親しく懇談できた。その数カ月後、帝塚山学院大学国際理解研究所のパーティーで再会し、別途、個別の食事会を、ということに。その機会が早くめぐってきた。朝日新聞社の大佛次郎賞を受賞され、その祝宴を朝日新聞社の先輩や学芸部記者らと持ち、ご夫妻を招いた。短期間で一気に親密度が増すことになった。

1999年12月、ご夫妻連名の封書が届いた。「歳末を迎え一年をふりかえって、また悲しみを新たにしています」との書き出しだった。娘まやさんがその年9月19日、ダイビングスタジオが主催する伊豆・伊東沖での講習参加中に、耳の痛みをハンドサインでインストラクターに伝えながら気づいてもらえず、海底に沈んでしまった。享年25だった。

知らせを受けた中西先生夫妻の驚きと嘆きは、いかばかりであっただろうか。文面には「透明で穏やかな初秋の海だったと聞きました。同じような危険にあい、九死に一生をえた方の手記を読みますと、肺に水が入り、すーっと冷たく爽やかな気分になったとありました。娘も、せめてそのような一瞬でいてくれたであろうと思おうとしています」とあった。

時を経て2001年12月、新年を迎える挨拶状で「娘が逝き二とせが過ぎました」との言葉の後、一句したためてあった。

ふり向けば秋潮鳴りの音ばかり

「21世紀を生きる会」や歴史シンポジウム

「万葉学者」中西さんの活躍はすさまじい。公職のかたわら三日に一度の割合で各地の講演会やシンポジウム、カルチャー講座をこなしてきた。さらに本の執筆をはじめテレビやラジオの出演、現在も新聞や雑誌に数本の連載をかかえている。

とはいえ「万葉学者」ひと筋ではない。比較文化や古代史などを幅広く語れば、短歌や俳句も論じ実作もする。「私の著作で、万葉集関連は半分ほど。これからも人際、学際、国際の三際感覚で研究を進めたい」との抱負を聞いていた。その言葉通り、2002年「中西進と21世紀を生きる会」を立ち上げるという。私に発起人の一人になってほしいと依頼され、もちろんお引き受けし、公私ともにお会いする機会が増えた。

「中西進と21世紀を生きる会」は、万葉集にとどまらず日本人の精神史や文明批評などで活躍する先生と身近に懇談し、生き方の指針を探ろうという趣旨。先生を囲んで勉強会や懇親会、『万葉集』ゆかりの地への旅などを実施する。すでに20年余の活動を継続し、現在は全国5支部、会員数も約170人に及ぶ。会報を発行し、年1回の総会時には、1泊して懇親会を催している。2022年には結成20周年を迎えた。

発足1年後の2003年7月に万葉文化館で開いた総会で、私は司会を務めた。歴史や教育、社会など様々な問題について、先生から見解を伺った。その中で「戦争といのち」のテーマでも語り合った。先生は

「中西進と21世紀を生きる会」総会（2003年）

「人が人を殺しあった時代には、いのちの大切さをだれもが感じていた。現在はどれほどの重さなのだろう」と嘆いていた。先生の指摘を受け、会員らが語り合う場でもある。戦争を知らない世代が急増し、戦後生まれが人口の87パーセント（2022年4月）を占める現在、あらゆる機会を通して戦争を語り継ぎ、対話を広げていくことが、私たちの世代の責務だと痛感したものだ。

「21世紀を生きる会」は、通称「21世紀ふくろうの会」という。フクロウは、「森の物知り博士」と親しまれ、先生が学究のシンボルとして自宅の屋根や書斎にも置かれている。私も旅行の度に買い求めている。

これより先、2000年7月に、中西さんが長年取り組んでこられた歴史シンポジウムについて相談を受けた。「間もなく10年になるので、新たな展開を図りたい。運営を含めバックアップしてほしい」との内容だった。私は前年のシンポジウムを見聞きしていて、その内容の濃さや熱心な古代史ファンに注目していた。早速、文化メセナ事業として協賛してきた全日本空輸株式会社と協議して、2001年以降のシンポジウムを朝日新聞社で後援することになった。

大阪女子大学の前任学長だった上田正昭・京都大学名誉教授との二枚看板に、テーマに沿った専門家や若手の研究者らを交えて構成。司会は私の同僚で友人の天野幸弘編集委員（2019年死去）が担当した。

02年1月は「遣唐使海を渡った冒険者たち」をテーマに開かれ、約8

中西先生を囲む懇親会（2006年）

００人が聴講した。先生は、20歳で唐へ渡り73歳で亡くなるまで帰国できなかった安倍仲麻呂を取り上げた。業績が目立たないのに歴史の中で光彩を放ったのは、中国の一流詩人と交友し、玄宗皇帝に用いられたためだ。

そして「天の原ふりさけ見れば春日なる三笠の山に出でし月かも」の和歌で、強い望郷の念がドラマの主人公にしたと紹介。「歴史とは単に事柄の羅列ではなく、人間存在の流れを学ぶことです」と強調された。時にはユーモアを交え、わき出る言葉に感心しながら聞き入った。

感性豊かな子供たちに「万葉みらい塾」開設

「石《いわ》ばしる垂水《たるみ》の上のさ蕨《わらび》の萌え出づる春になりにけるかも」（志貴皇子の歌）。この和歌を三回、読み上げる。子どもたちも続く。「これは楽しみの歌ですか、悲しみの歌ですか、怒りの歌ですか、喜びの歌なのでしょうか」と、中西先生は小学生らに問いかける。「岩の上を水がほとばしる滝。滝のそばに、今ワラビが首をもち上げた。春だ」と説明、次第に子供たちにも喜びの気持ちが伝わっていく……。

２００３年5月から始めた「中西進の万葉みらい塾」の一コマだ。奈良県橿原市の市立真菅《ますげ》小学校で開かれ、冒頭のような授業風景となった。先生は六年生とその父兄ら約１２０人に、天武天皇の歌などを紹介した。また万葉の舞台の一つでもあり、曽我（宗我）の地名と真菅が登場する

橿原の小学校の「万葉みらい塾」（2003年）

「真菅よし宗我の河原に鳴く千鳥間無しわが背子わが恋ふらくは」（作者不明）を取り上げた。「美しい河原で千鳥が鳴く。いつもあなたに逢いたい」と説明。恋の歌ではあるが、校名と同じ地名の歌を用い、親近感を持ってもらう工夫だ。

子供たちにとってなじみの薄い万葉集だが、優しい語り口調の説明に打ち解けていった。①おぼえよう②どんな気持ちだろう③人間も鳥も同じ④文字がおもしろい——といった切り口で万葉集の歌を例示し、わかりやすく語りかけた。まず大きな声であいさつをさせ、繰り返して読ませる。配られたプリントには空白部分があり、「どんな言葉がふさわしいか」を答えるクイズ形式になっていた。

授業後、子供たちは「声を出して読んだら、少しは分かるような気がした」「万葉集の漢字（万葉仮名）の意味がおもしろい」などと、感想をもらした。一日だけの授業だったが、先生は「うれしい時の気持ちがどんな景色になるのか、絵に描いてください」と宿題を出した。岸田泰三校長は「学校に出向いていただいての授業で、子供らにとってとてもいい思い出になるでしょう」と、感激していた。

「万葉みらい塾」は、大学の文学部衰退を憂う中西さんが「万葉の歌の魅力を、未来を託す感性豊かな子供たちに学んでほしい」と発想。先生の意を受け、万葉文化館が私に相談してきたのだった。朝日新聞社内で検討し、未来読者対策の一環として共催することになった。全国の小中学校を対象に公募したところ、学校側の費用負担が無いということもあって、多数の申し込みがあり抽選で月1回実施した。この出前授業をまとめた『中西進の万葉みらい塾』（２００５年、朝日新聞社）も出版されている。

中西さんは、書斎に閉じこもらず、混迷を続ける21世紀社会へ飛び出し、行動を起こした。心の世紀へ共に語り合おうと「中西進と21世紀を生きる会」を発足させ、子供たちに万葉の魅力を伝えたいと

「万葉みらい塾」を実践した。いずれも無報酬での活動に共鳴した私は、こうした活動のスタートに深く関与することになった。文化を発信する手助けになると考えたからだ。

「万葉びとに学ぶ―現代人の生き方」で司会も

中西さんとの思い出は数々ある。私の書籍出版を祝う会を何度か開いたが、いつも発起人を引き受けていただき、祝辞を述べられた。中西さんがＪＲ東海の葛西敬之・代表取締役名誉会長（２０２２年死去）を夫人同伴で京都の谷崎潤一郎旧居であった潺湲亭《せんかんてい》にお招きしたときに、私は舎弟として同席させていただいた。祇園の「都をどり」を先生夫妻と私の女房ともども楽しんだこともある。

２００４年に沖縄の久高島の旧正月を見たいと、知人ら一行８人で旅した。メンバーに中西さんの奥さんもいて、ご一緒だった。その年の暮れ、私が旅した海外や国内の旅をまとめた『「大人の旅」心得帖「文化力」を磨こう、中高年！』（三五館）を出版した際、奥さんの推薦もあったのか、中西さんに序文を書いていただいた。手前みそになるが、さすが中西さんの文章は粋である。

沖縄の久高島を、彼は神の島として訪れる。ここは有名なイザイホーが行われた島である。しかし、この神事も、惜しまれながら中止になり、今は見るよしもない。しかし彼は現地

中西先生がＪＲ東海の葛西敬之ご夫妻（後列中央、前列左）をお招きした時の記念写真（2003年）

で女性たちのゆるやかな祭りの踊りの足を想像する。まわりは何もない。久高島には信号もなければ警察官もいない。人口200人の島だ。

ところが彼は、一転してニューヨークにも足を伸ばす。この世界第一の都市で彼は論じるのは「野球文化」である。白鳥さんは野球発祥の地の「野球の殿堂」も訪れるが、ニューヨークのヤンキー・スタジアムも見にいく。ここは5万7500人が収容でき、上段のスタンドからはハドソン川やマンハッタンの摩天楼が見えるという。

久高島とマンハッタン。こんなものが同居している風景には、そうそうお目にかかれないだろう。風土と重なる時間。データに導かれる足どりの確かさ。そして風景の多様さ。この白鳥ワールドへの小旅行は、何度旅をしても飽きることがないだろう。

私にとって中西さんとの一番の思い出は、大阪の中之島リーガロイヤルホテルで2006年に開かれた「万葉びとに学ぶ―現代人の生き方」と題した特別公開講座で、私が司会をさせていただいたことだ。

その中で、中西さんは「近ごろの社会には敬いの精神が失われてきました。他を尊重するから自分も成長できるのです。学校では社会に出てすぐ役立つ実学が優先され、教養を求めて大学へ行かなくなりました。日本人の中には、自分が日本人であることを忘れている人間が少なくありません。人類の尊厳を守るという人間観も忘れています。

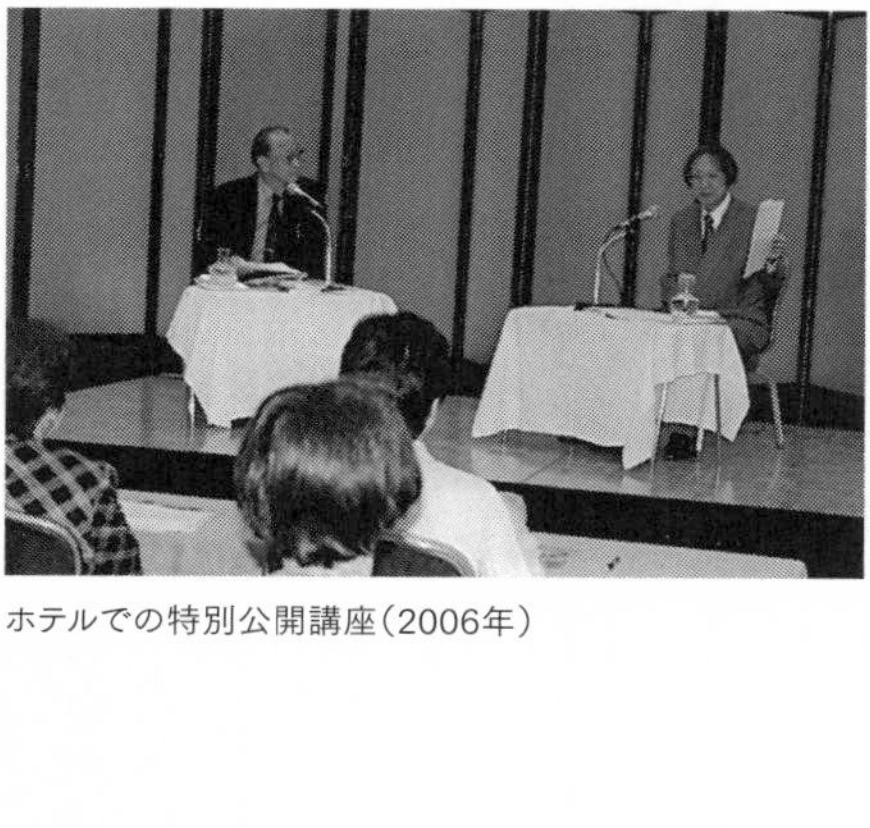
ホテルでの特別公開講座（2006年）

文明の衝突が話題になっていますが、理と理がぶつかっている感じです。欧米の理に対し、アジアの情が武器になってほしいと思います」と強調されていた。

近年、一般的に万葉集が源氏ブームに押されがちだ。そうした中で、若手研究者の新説も発表され始めた。中西先生は「内向する万葉研究に活力を与える動きです。どんな問いかけにも明快に答える。21世紀の課題について、「グローバル化で求められているのは国際的な輪の中に日本人がいることを認識すること」「国粋主義の視点ではなく、まず日本を知ることだ」と返ってきた。

中西さんの趣味は広い。マーラーを愛聴し、デルボーやビュッフェの絵画を買い求め、オペラにも関心を寄せる。一方で、ギリシャで学問の神様といわれるフクロウの飾り物を集める。リビングには子供の大きさほどのアカシアの一刀彫のフクロウが鎮座している。

冒頭の元号の「令和」に関して、令和元年11月に発行された『令和の力、万葉集の力』（短歌研究社）の序文に、次のように記している。

平成の陛下が一年ほど前に退位を示唆されてあれよあれよという間に改元が実現した。日本国憲法を読んだことのある人なら、これほどに天皇陛下が主導権を握って時代を動かすことができるとは、誰一人思わなかったのではないか。わたしには、みごとな新時代の誕生と思える。しかもそれは国政の変更ではない。国政よりさらに重い大事な文化の様式の、変革であることに、わたしは驚いた。

中西さん近影（2020年、京都市中央図書館）

歴史地理学者の泰斗、千田稔さん

学術研究の人生を邁進、幅広い見識で諸活動

順風満帆とは言えない私の人生の過程で、その後の人生に大きな影響をもたらせたキーパーソンともいうべき出会いがあった。歴史地理学者で、奈良県立図書情報館館長の千田稔さんは、まさにその一人だ。新聞社の記念企画で、歴史上実在した玄奘三蔵をテーマに一大プロジェクトに挑んだ私にとって、羅針盤のような役割を担っていただいた。私の書斎に、知己を得て、千田さんから贈られてきた著書は二十数冊を数える。そこには私の知らなかった世界が広がり、好奇心にあふれる情報に満ちている。

50歳代の千田稔さん

朝日新聞社と薬師寺の協力関係の橋渡し

私が朝日新聞社の文化企画の仕事に携わっていた時、1999年の創刊120周年記念プロジェクトに「シルクロード三蔵法師の道」をテーマにした学術調査や展覧会、シンポジウムを提案し、採用された。「戦争の世紀」と言われた20世紀末に、「アジアの世紀」とされた21世紀に向けて、玄奘の実践した

生き方を検証し、現代人が学ぶべき指針を発信できればとの趣旨だった。

当時、奈良県では、1988年に奈良シルクロード博覧会を開催したのを記念して、財団を発足させシルクロード政策を進めていた。その柱が国際シンポジウムで、朝日新聞社および日本ユネスコ協会連盟とともに隔年で催していたが、それまでシルクロードを経て日本に伝わった仏教伝来については取り上げてきたことがなかった。

世知辛いこの世相の中で、7世紀に中国の長安（現在の西安）を出発し、天竺（インド）まで仏教の経典を求めて17年もかけての三蔵法師・玄奘の旅は何と夢とロマンに満ちていることか。学芸部編集委員で国際シンポジウムのスタッフでもあった高橋徹さんとの喫茶店の雑談が発端だった。三蔵法師・玄奘をテーマにすれば、創刊記念事業と国際シンポジウムの課題を併せて解決できる可能性がある。私は直感的に「これだ」と確信した。

「三蔵法師の道」企画が、なら・シルクロード博国際交流財団と協議し、国際シンポジウムのテーマに決まったことで、次の課題は薬師寺の協力を取り付けることだった。薬師寺は法相宗の大本山で、玄奘ゆかりの寺だ。しかし朝日新聞社と薬師寺との関係は、必ずしも十分良好とはいえなかった。朝日新聞社が東大寺の大修理や法隆寺の壁画修復などに力を入れてきた経緯もあり、敷居が高かった。しかも高田好胤管主の憶えもよくなかった。

1996年4月、私と高橋さんは当時執事長だった安田暎胤さんらに応対していただいたが、それまでの両者の関係について不満の様子だった。しかし今回のテーマは薬師寺が顕彰する玄奘ということで、協力していただけることが約束された。この橋渡しをしていただいたのが高橋編集委員の長年の友人だった千田さんだ。安田夫人の恩師が千田さんの父だったこともあり、関係改善が円滑に進んだ。

千田稔さんは1942年、奈良県生まれ。1966年に京都大学文学部卒業後、京都大学大学院文学研究科地理学専攻博士課程へ。1970年に大学院を中退し、追手門学院大学文学部講師に。そして文学部助教授を経て、1976年に奈良女子大学文学部助教授、89年には教授となる。1992年、文学博士(京都大学)となる学位論文は、「古代日本の歴史地理学的研究」であった。

その後、1995年から2008年まで国際日本文化研究センター教授を務め、帝塚山大学特別客員教授はじめ、平城遷都1300年記念事業協会理事、人文地理学会会長なども歴任した。この間、古代日本の歴史地理学的研究についての業績により、1994年に浜田青陵賞、2007年に奈良新聞文化賞を受賞、2021年瑞宝中綬章を受けている。

まさに学術研究一筋の人生を歩んでこられたが、洒脱で気配りの長けた人柄で、周囲から人望と信頼を得ていた。千田さんの助言があったればこそ、薬師寺とのパイプがつながったと言えよう。

勉強会後の「三蔵法師の道研究会」メンバー

衛星画像を活用し、「三蔵法師の道」探る

「三蔵法師の道プロジェクト」は、国際シンポジウムだけでなく展覧会や学術調査を三本柱としていた。千田さんは歴史地理学の泰斗であり、暗中模索の学術調査の要としての大役を担っていただくことになる。

千田さんと高橋さんの人脈で、国際日本文化研究センターはじめ、奈良女子大学、奈良県立橿原考古学研究所、滋賀県立大学などへと支援の輪が広がった。研究者と朝日新聞のスタッフは、何度も奈良女子大学の会議室に集まり勉強会を重ねた。時には勉強会後に酒席をご一緒し、懇親を深めた。

調査の方法や手段などについて語り合う中で、「三蔵法師の道研究会」を発足させた。1997年春、研究会の発会式を開き、代表は千田さん、幹事役に高橋編集員が担った。実地調査の度に、その都度専門の研究者が加わり、メンバーは朝日新聞社スタッフを加え20人を数えた。

山や川といった地形、集落や道路などの過去の景観を復元するのが、歴史地理学の方法だ。そのためには、過ぎ去った時代の遺跡を見つける大縮尺の地図や精度の高い空中写真が必要となる。そこでアメリカが1960年代に撮影した高度の偵察衛星写真が注目された。

千田さんと奈良女子大学の小方登助教授（地理情報科学、後に京都大学大学院教授）が、文部省の科学研究費によって東アジアの歴史景観の復元を試み、その成果は公表されていた。「玄奘は厳しい氷山の天山山脈をどこで越えたのだろうか」が最大のナゾで、研究会では文献調査を基に、新たな手法として宇宙から届けられる地図を活用した。人工衛星が撮影した高解像度の写真を使って古道や遺跡を分析し、実地踏査で確認していく、いわば「衛星画像考古学」といえる試みだった。

現地への調査隊員は考古学や地理学、建築史、仏教学、歴史学など幅広い専門学者らで構成し、メンバーを変えながら拠点地域に派遣した。調査は五次にわたったが、四次調査には、千田さんも同行した。自分の足と馬やラクダの背中だけの玄奘の旅とは違って、ジープやヘリもチャーターして、広大な地域をカバー。また撮影位置などが分かるGPSカメラなどの機材によって多くのデータを得た。

陸路とヘリの調査や、キルギスの遺跡分布などを分析し、ベデル峠が妥当と判断するなど、多くの成果を得た。中央アジアはロシアから独立し、やっと仏教遺跡の発掘などが進み始めていた。調査の結果は随時紙面化し、その報告書は『三蔵法師のシルクロード』（１９９９年、朝日新聞社）として出版した。

また学術調査での朝日新聞カメラマンによる記録写真は1万枚を超え、ピックアップした１５０点の写真展は、玄奘のルートに沿って展示された。この中には、玄奘が長期間滞在した高昌城跡や中国とキルギスタンの国境のベデル峠などの空撮写真が含まれ、わが国で初公開になった。また未知の旧ソ連領域のほか、古代城壁や仏教遺跡などの写真資料も得られた。

第四次調査には千田さんも参加（1998年）

千田さんは「衛星写真で想定した遺跡を確認する手法はとても効果的だった。玄奘が西域記に記した風景をよみがえらせることができた」と振り返った。雲をつかむような無謀なプロジェクトは、千田さんの指導によって、道が拓けたのだった。

日本史・思想史など多岐にわたる著作の数々

学術調査を皮切りに足掛け4年取り組んだ「シルクロード三蔵法師の道」プロジェクトは、シンポジウムをはさみ、1999年末、東京都美術館での展覧会を最後に、すべてを終えた。一連の企画を支援していただいた千田さんとの関係も絶たれるはずであったが、その後、折に触れお会いし、交流が続けられた。何よりも驚くべきことに、毎年のように出版された著作が次々と贈られてきたことだ。私の本棚の一角には「千田著作コーナー」が設けられている。

贈呈本は『平城京の風景―人物と史跡でたどる青丹よし奈良の都（古代三都を歩く）』（文英堂、1997年）に始まる。著書の中で、千田さんは「時折、私は奈良を歩きたくなるのは、古代というよりは、日本という国の素性を実感できるからだ。例えば、東大寺の大仏に、世界を過剰に意識したしおらしい国家意識を読みとることができる」と記している。

さらに著作は、『王権の海』（角川選書、1998年）、『高千穂幻想―「国家」を背負った背景』（PHP新書、1999年）、『邪馬台国と古代日本』（NHKブックス、2000年）、『飛鳥―水の王朝』（中公新書、2001年）、『聖徳太子と斑鳩』（学研M文庫、2001年）、『地名の巨人 吉田東伍―大日本地名辞書の誕生』（角川叢書、2003年）、『古代日本の王権空間』（吉川弘文館、200

書棚の一角を占める千田さんの著作

4年）と、多岐にわたる。

千田さんは、日本史・思想史・東アジア交流史などの分野での研究成果を発表し、特に古代日本の宮都と中国の都城の象徴性の比較研究に力を注いでいる。また、古代東アジアにおける道教の研究を推進し、道教が古代日本社会において大きな役割を果たしていたことを明らかにした。

2005年以降も平城京や飛鳥をはじめ伊勢神宮、古事記などの新刊が届けられ、さらに『古代飛鳥を歩く』（中公新書、2016年）、『聖徳太子と斑鳩三寺』（吉川光文堂、2016年）など専門の地理学から歴史書や文化図書に及ぶ。千田さんの著作には、書斎に閉じこもって研究を重ねるというより、歴史的な場所に足を運び、五感で確かめるといったものが多い、「歴史を学ぶとは、万巻書籍で囲まれた密室を、打ち破ることなのだ。閉じこもることではない」と強調する。

シルクロードや古都・奈良の今後に持論

千田さんを知って四半世紀になる。この間、著作を通して数多くの情報と歴史への視点を与えられた。もちろん著作だけでなく、千田さんの国際日本文化研究センター退官慰労の集いなど各所でお会いし、

記念パーティーに集った研究会メンバー（1999年）

時に触れ酒席を共にして懇親を続けている。その見識や人柄から大いに学ばせていただいた。

出会いとなった「シルクロード三蔵法師の道」プロジェクトの中心であった１９９９年6月の奈良県立美術館での特別展開幕の記念パーティーが奈良ロイヤルホテルで開かれた際は、「三蔵法師の道研究会」のメンバーもこぞって参加した。中央アジアからインドまで五次にわたった調査の思い出を語り合った。とりわけ代表を務めた千田さんの笑顔は印象的だった。

翌年の２０００年12月に催した拙著『夢しごと三蔵法師を伝えて』の出版祝賀会では、発起人を引き受けられ、「がむしゃらであったが、一途に夢を追い求めていた」と、評価していただいた。

朝日新聞社との関係を取り持ってもらった薬師寺ではしばしば交流した。毎年のように5月の玄奘三蔵院での「玄奘三蔵会大祭」の法要で顔を合わせた。当時、国際日本文化研究センターの初代所長であった梅原猛さんもお見えになったこともあり、記念写真も残っている。

薬師寺の法要に参列した千田さん（2002年）

２００６年4月には、薬師寺の安田暎胤管主（現・長老）夫人の安田順惠さんが社会人入学した奈良女子大学大学院で学位を取得した「玄奘取経の交通路に関する地理学的研究ＣＯＲＯＮＡ衛星写真と現地踏査を基に」の祝賀パーティーでは、指導に当たった千田さんが、祝辞を述べた。会場には、その時の片倉もとこ・国際日本文化研究センター所長（2013年死去）も同席されていた。

千田さんは2008年春、13年間務められた国際日本文化研究センター教授を退官した。その記念講演会と慰労のパーティーが開かれ駆け付けた。その片倉所長や安田順惠さんらとも和やかに語る宴も思い出となった。

千田さんは奈良県立図書情報館の館長を2005年の開館時から務めている。2014年春、館長室に訪ね、懐旧談ともに、一部ルートが世界遺産になったシルクロードについて所感を伺った。シルクロードと日本のつながりに関し、奈良や京都の街づくりは、唐の都の長安をモデルにしたと考えられている。

これに対し、千田さんは「古代ローマの都市にも碁盤状の街づくりが見られローマンタウンと称されています。長安の街の原型はヨーロッパにあり、影響があったのではないかという仮説も考えられます。もちろんシルクロードを通してのことです。今後の研究が待たれます」と、興味深い話に及んだ。

シルクロードの今後についても「ロマンをかきたてられることも事実ですが、現実を直視しなければ。観光の対象としてだけではなく、政治の問題も見据えなければなりません。古道がやがてハイウェイに取って代わり、消え去るように、現在のシルクロードの概念も変容してきました。現にシルクロードは

梅原猛さんを囲んで（2003年頃、薬師寺）

各所で分断されているではありませんか」と、楽観論に釘を刺していた。

ユーラシア大陸を経てローマに至る広大な道について、2000年春から「シルクロード検定」が実施されている。その事業のスタートに関わった私は、関西から有力識者に呼びかけ人への協力を要請することになり、千田さんにも加わっていただいた。私にとって、人生のキーパンソンであり、知識の宝庫でもある。

最後に、シルクロードの東端に位置する古都・奈良の今後についても持論を展開しているので書きとどめておく。これは奈良県が促進している歴史追体験『記紀万葉』の「指揮者に聞く」の第2回に登場して、同じく古都の京都との比較から次のような見解を示している。

「古都」と言ってしまうと同じように考えますが、奈良と京都は質が全然違うんですよ。平安時代に日本の文化を創り上げた京都は鎖国的な状況でしたが、奈良は開放的で、大陸や朝鮮半島の文化を入れて融合させようとしました。しかも、京都が1000年の都だったのに対して、奈良の都は七十数年。それなのに、その短い間に、奈良の都は、仏教を受け入れるという重要な役割を果たしました。奈良は日本の国家の始まりの場所です。その重要さを今の日本人はしっかりと理解できていないんじゃないかなと思います。

日文研退官で花束を受けた千田さん。右は筆者

『西遊記』研究の第一人者、中野美代子さん

妖怪とたわむれ、孫悟空を蘇らせた〝女傑〟

北海道大学名誉教授で、中国文学者の中野美代子さんとの出会いは必然だったと言える。中野さんは、孫悟空が活躍する西遊記研究の第一人者だ。中野さんが北海道大学教授を定年の翌年の1997年6月、在住していた札幌に出向き初めてお会いした。私が朝日新聞社で企画した創刊120周年記念特別展「西遊記のシルクロード三蔵法師の道」の監修者の一人として加わっていただく必要性があった。私の立場から言えば、出会いは必然だったと言える。暗中模索の状況だっただけに、何がなんでも口説き落とすつもりでいたが、「案ずるよりも易し」で、初めから承諾の意向だったようだ。次々と著書を発表するかたわら、「男よりも学問」とばかり独身を貫き、大酒飲みの中野さんは、〝女傑〟だった。

60歳代の中野美代子さん

「西遊記の世界」の展覧会構成などに尽力

中野さんは1933年、札幌に生まれた。北大を卒業後、助手となり、一時オーストラリア国立大学

の助手を経て、再び北大に復帰し文学部助教授、言語文化部教授の道をたどった。その後、北大名誉教授などという仰々しい肩書を持つが、顔を合わせた時からすっかり打ち解けた。肩書に似合わぬ小柄で庶民的な風貌をしていた。言葉を飾らぬ素朴な人柄だが、西遊記の話となると、さすがに立て板に水といった具合。次々と展示アイデアが飛び出す。

翌日には詳しい資料が速達で郵送されてきたが、その手書きの字のきれいなこと。まるで活版の字を思わせた。さらに驚かされたのは図解付きだ。後で分かったのだが、高校時代に絵画部に所属し、絵の巧みさは級友も舌を巻くほどの腕前だったとか。作品リスト案には、西天取経の絵画図「玉肌夫人」や「刻官板全像西遊記」、敦煌・楡林窟の壁画模写などが、その内容も含め分かりやすく説明してあった。

また中野さんは、泉州開元寺西塔第四層の「唐三蔵」と「梁武帝」の浮彫写真、「孫悟空」や「猴行者」の浮彫拓本などを所持しており、表装し直せば展示できそうだ。孫悟空のモデルともされるインドの叙事詩に見えるサルの英雄ハヌマーンの拓本、文献の類いに至るまで列記されており、一気に展覧会構成の「西遊記の世界」が広がったのだった。

私は喉の渇いた沙漠で水にありつけた心境だった。悟空の神通力が効いたのか、と思いきや中野さんは後日、初対面の私を「ガキ大将がそのままオトナになったようだ」と前置き、私の夢と熱意に好感をもったそうだ。「紳士ぶったやつ、えらい学者ぶったやつ……には、現役の大学教師のころから、あきあきしていた。私はかつてワルガキだったので、ワルガキどうしの共感とでもいったものに、素直に反応できたのである」と、印象を語っている。

さらに「朝日の創刊事業なら、きちんとした展覧会になるのでは」「ほかならぬ三蔵法師がテーマだけに、私にとって面白からぬはずはない」と、こちらの心配をよそに、初めから承諾するつもりだったという。

中野さんは展覧会の出品リスト作成に始まって、大阪での企画会議への出席、図録への執筆、講演会への出演と多忙をきわめた。女孫悟空とも思える活躍ぶりだったが、一方でとても茶目っ気がある。

展覧会の準備のさなか、「敦煌からこんな絵が新たに発見されました。展示しましょう」と、ファックスを送ってきた。そこには見事なトラとハクチョウのイラストが書かれてあった。ハクチョウは私の名の白鳥をもじっていたのだ。さらに出品された「馬を伴う玄奘取経図（模写）」や、「虎を伴う行脚僧図」をもじったイラストの第二、第三報も届けられた。

トラとハクチョウのイラスト

特別展は、史実としての『大唐西域記』の足跡を基に、点在する仏教遺跡の発掘物のほか、伝説化した『西遊記』の世界にかかわる出品にいたる、きわめてユニークな展覧会となった。もちろん中野さん提供の資料のほか、夏目雅子が三蔵法師役を演じた人気テレビドラマ「西遊記」（1978~79年放映）の映像、文楽人形などで「『西遊記』の世界」の展示コーナーが出現した。

展覧会終了後、中野さんは「『西遊記』が生まれたのは、三蔵法師・玄奘没後九百年も後。テレビやマンガ、アニメなど様々な大衆文化に取り入れられたが、その経過を図像的な展示品で跡づけられたことに大きな意義があった」と、締めくくられていた。

一連のプロジェクトを終えた後、私は『夢しごと三蔵法師を伝えて』（２０００年、東方出版）を著した。その序文要請にも応じていただいたが、その文面で「サンザンこき使われた」と愚痴をちらり。「サンザン」は「三蔵」の中国音でもあることにひっかけていた。はては拙著の出版記念パーティーにも、はるばる札幌から大阪にやってきて「無茶苦茶な注文にこたえてきた被害者だった」と、本音を暴露した。開宴中はグラスを片手にヤジを発し続けていた。しかし私には、慈愛に満ちた中野さんの心情がよく理解でき、愛する孫悟空に免じて、私の人づかいの荒さが許されたと受け取れた。

20年がかり、『西遊記』十巻を全訳の偉業

中野美代子さんといえば、まず岩波文庫の『西遊記』の翻訳の業績があげられよう。小野忍・東大

出版パーティーで挨拶する中野さん（2000年）

パーティー後、記念撮影での中野さん（2000年）

教授が三巻を出して1980年に急逝した。その3年後に後任訳者として中野さんが決まった。中野さんは「途方もない重荷であった。自分なりに立てていた仕事も大幅に見直さねばならなかった」と述懐する。さらに「天命はだれにもわからないが、訳了まで死んではならない」と決意したという。そして1986年に四巻目を刊行してから12年、98年4月に十巻目を完訳した。中野さんがバトンを引き継いで約15年になる。三蔵法師が7世紀に中国の長安を出発しインドの天竺まで3万キロの求法の旅に要した歳月は17年だった。中野さんにとって、三蔵法師の苦難の旅に匹敵する大仕事であった。

16世紀末の明代に成立した『西遊記』になぜ魅せられたのか。「はちゃめちゃ、荒唐無稽、奇想天外な話の裏側に、綿密な計算と見事な論理構造がある」ことに着目したからだ。中野訳の魅力はくだけた解釈だ。漢文調の各章のタイトルと文中の詩を口語調に改め、小野訳を読みやすくした。「翻訳は最終的には日本語との勝負」と割り切っているが、言辞に尽くせぬ困難を伴ったことだろう。

中野さんの訳例を紹介しよう。「おれさまを知らんのか。おれさまはな、かの唐僧の一番弟子たる孫悟空行者だぞ。おれさまのおとうとぶんの沙（悟浄）和尚が、おまえの洞窟のなかにいるんだ。そいつを放したら、おまえのガキどもを返してやるさ…」（第4巻・第31回「猪八戒義もて猴王を煽ること孫行者智もて妖怪を降すこと」）といった具合だ。

翻訳はさながら三蔵法師の西天取経の旅だった。「最終巻を出したら私も天竺に行こう」と励みにしていたそうだが、その前年にインドに行く機会に恵まれた。しかし中野さんにとっては長い翻訳の仕事を終えた時こそが、「われ天竺に到達せり」との心境だったのではなかろうか。

この長丁場の岩波書店の編集担当者は3人を数え、最後の石川憲子さんは振り返り、こう話していた。

「八巻目のゲラを引き継いでから先生の担当になりました。九巻目まで2年余りかかりましたが、十巻目は5カ月足らずで刊行できました。先生はワープロを使わず手書きでしたが、活版刷りのような丁寧な字で、校正も楽でした。でも一冊分は200字の用紙で20センチもの高さになります」

中野さんの〝女傑〟たるゆえんは、小野氏の訳した『西遊記』の一～三巻を翻訳し直したことにあった。三蔵法師が苦難の長旅から帰国して後、さらに18年もかけて千三百三十五巻もの経典を翻訳した忍耐強さを彷彿とさせる。

こうして2005年3月、ついに中野訳『西遊記』全十巻を完結したのだ。私の書棚に小野氏訳を含む十巻セットの箱が置かれていたが、中野さんの一～三巻が加わった。その年の7月、札幌を訪れた際、2人だけで祝杯を上げた。

『西遊記』全十巻のセット箱の上に中野訳3巻を加え全訳刊行

世界を駆ける〝女悟空〟、楼蘭探検にも

中野さんの活動は、もちろん『西遊記』の翻訳だけではない。論文を書けば、評論、エッセー、小説、戯曲と文筆グラウンドが幅広い。私が1998年に北京の故宮博物院を訪れた時に、副院長の机上に

は、北京に廃墟が残されている西洋庭園を巡るナゾを描いた小説『カスティリオーネの庭』（文藝春秋刊、１９９７年）が置かれてあった。中国でも一目置かれていることを目のあたりにした。

かつて北大の同僚で飲み友だちだった亡き大朝雄二教授が、『ＡＥＲＡ』の「現代の肖像」の欄（１９９２年10月13日号）で、中野さんをずばりこう評している。「狭い枠をはめられるのが嫌いなんでしょう。女ばなれ、男ばなれ、そして孫悟空みたいに枠を超えて自由に飛び回っている」

これまでオーストラリアで勤務していたのをはじめ、『西遊記』の生まれた中国には何度も、そして旧ソ連領中央アジアをはじめインド、カンボジア、ベトナム、タイ、インドネシア、イギリス、イタリアなどを駆け回っている。とりわけ１９８９年には、朝日新聞社とテレビ朝日が中国の協力を得て、シルクロードの十字路に消えた幻の王国・楼蘭に「日本学術文化訪問団」（平山郁夫団長）を派遣した際、団員の一人として加わった。

当時、朝日新聞側の団員だった松村崇夫・当時企画第一部次長は、私が金沢支局長時の富山支局長で、飲んだ時には、探検での武勇伝を語っていた。お互いに東京と大阪本社へ異動後、私もシルクロードにかかわることになると、彼がまとめた『はるかな楼蘭』（連合出版刊）を寄贈してくれた。

その著によると当初、『楼蘭』の作品もある作家の井上靖さんを予定していたが、直前に健康への配慮から断念した。中野さんはその代役だった。まず電話で伝えると、中野さんは「胸がワクワクしますよ」と、即断で応諾したという。松村君が札幌に説明に出向くと、「そんな方の身代わりとは光栄です」とまでいわれ、感激したと書いている。松村君に当時のことを聞くと、「とても楽しく、飲むと豪快な方で安心しました。トイレをどうするのか気がかりだったが、そんなことは取り越し苦労でした」

と語っている。

中野さんは1993年1月から3月まで、NHKの「人間大学」の番組で計12回にわたって講義した。中国民衆のスーパーヒーローの孫悟空がどのようにして生まれたのか。「孫悟空との対話」と題して『西遊記』の物語構造を多面的に語った。主人公・孫悟空たるサルについてのナゾ、三蔵法師の従者における史実との違い、どうして孫悟空が如意棒を持つようになったのか、など興味深く解説した。

その最終回で、中野さんは現存する最古の『西遊記』（中国・明代の世徳堂本）が生まれて400年余りになり、数え切れない多くの世界の人々がこの小説を親しんできたが、まだ解読されないナゾが山積している、と指摘する。

三蔵法師を襲う受難の数が八十一難で、その最後が第九十九回の話になっており、それが「聖数九」に還元できるように計算されている。「『西遊記』を真に読むということは人間の民俗的想像力と物語創造力のもっとも根源的な、そしてもっとも普遍的なものを探りあてることになろう」と言及している。

『西遊記』研究は、永遠に思索の快楽の園

中野さんは訳書も含めると50冊を超す執筆をしている。と同

薬師寺境内で中野さんと筆者（2001年）

時に、各国の文献を読みこなすのも並外れている、著書の一つで、1980年（昭和55年）度芸術選奨文部大臣新人賞を受けた『孫悟空の誕生―サル民話学と西遊記』（岩波現代文庫）を書くだけでも200冊以上を読んだという。

西遊記のナゾ解きが飯よりも好きだが、もう一つ好きなものがお酒だろう。その飲み方は半端じゃない。時間をかけていつまでも続く。とりわけ若い女性を引き連れハシゴもする。大学教授時代からの習癖かもしれないが、いわゆる親分肌なのだ。

中野さんは、朝日新聞創刊120周年事業にかかわった縁で、朝日サンツアーズの敦煌やアンコールなどのツアーに同行講師をした。添乗した中川良子さんが〝女傑〟に気にいられたようだ。中川さんは「先生が奴隷数人連れて行くとおっしゃった。始めは何のことやら理解できなかったのですが、それが先生の教え子で助教授や講師をされていたり、大学院で研究されていた方々でした」と、エピソードを披露していた。

また中野さんは2001年、薬師寺から三蔵法師・玄奘の骨を祀る玄奘三蔵院に平山郁夫画伯の壁画が奉納された記念すべき法要にも招かれ講演した。この中で、中野さんは「西遊記は呉承恩の訳とされているが、複数の道教徒が訳した」

本棚の前で懇談する中野さん（2005年）

と、元代における仏教と道教との対立などを説明。トリックの仕組まれた虚構の世界を紹介。そして「現段階での私の考えで、これからコロッとかわるかもしれない。私はそんなことヘッチャラです」と結び、まだまだ研究の途上であることを強調していた。

「西遊記のシルクロード三蔵法師の道」展後も、懇親が続いた。私の定年から１年後の２００５年７月、札幌の中野さんの自宅を訪問した。知事公舎の裏の瀟洒なマンションは予想通り書棚がずらり並んでいた。著書を何冊か手にしていると、「興味があるか」の声。「もちろん」と言うと、「持っていけ」の言葉が返ってきた。その年春、中野訳『西遊記』が刊行されていたこともあり、深夜まで盃を重ねたことは言うまでもない。

２００７年には、新宿の京王プラザホテルで、朝日カルチャーセンターの特別公開講座「『西遊記』なおつづく天竺への旅」があり、私が中野さんの聞き役を担当したこともあった。中野さんは「『西遊記』は、面白い。『西遊記』を研究することも、面白い。それならば『西遊記』の面白さを伝えることも、面白いではないか」との持論を展開した。

「私にとって『西遊記』は、永遠に思索の快楽の園であり続けるだろう」。中野さんは著書の中でこう語っている。この人にとって、学問も「遊び」のようだ。孫悟空との対話はまだまだ続くことだろう。

公開講座で持論展開する中野さん（2007年）

壮絶に生き書き続けた作家の立松和平さん

人と自然を愛し、書くことは心の浄化

日本を代表する行動派作家として円熟期の活動を続けていた立松和平さんが2010年2月8日、62歳の若さで急逝された。『遠雷』で野間文芸新人賞（1980年）を受賞したのをはじめ、『毒—風聞・田中正造—』で毎日出版文化賞（1997年）、『道元禅師』で泉鏡花文学賞（2007年）を受け、小説のほか紀行文、絵本、戯曲など数多くの作品を遺した。「人はいかに生きるべきか」「自然や社会に対して人はどうあるべきか」を一貫して問い続けた作家だった。

在りし日、
40歳代の立松和平さん

「いつだって作品の中で生きている」

和平さんが多臓器不全で亡くなったことを知ったのは、能登半島の旅先だった。ふと見た携帯電話のテレビ画面に和平さんが映っていた。それが訃報だったことに驚き、にわかに信じられなかった。その約5カ月前に、私の郷里・愛媛県新居浜の居酒屋で深夜まで酒を酌み交わしていたのだから……。

そもそもの出会いも能登半島だった。私が朝日新聞金沢支局長だった1992年、過疎化が進んでいた能登半島の石川県門前町で立松さんの講演会を企画した。町の主催ではあったが、全小・中学生に聞いていただくことを条件に新聞社で準備した。テレビ朝日のニュースステーション番組で時折り「心と感動の旅」を現地レポートしていて、その言葉の内容と訥々《とつとつ》とした独特の語り口調に魅かれていたからだ。前夜、宿を共にし、町職員らと深夜まで語り合い、風呂で背中を流し合った思い出もよぎる。

和平さんは知床の山里に、地元の有志らと造ったお堂があり、毎年法要を営んでいた。15周年を迎えた節目の例祭に「一度、来ませんか」との誘いがあった。世界自然遺産に登録された知床の自然にも関心があり、2009年6月に、知床に出向いた。知床には奥さ

能登半島・門前町の講演会企画で。左端が宮丸富士雄、門前町長（1992年）

んら家族も来られていて、懇談した時の和平さんの穏やかな表情がよみがえる。訃報後、能登半島から大阪に戻って、奥さんの横松美千繪さんに、「限りなく無念です。お別れ会には、ぜひ参列させていただきます」と、弔いのテレックスを送った。

立松和平（本名・横松和夫）さんを偲ぶ会が2010年3月27日、東京都港区の青山葬儀所で営まれた。私も駆けつけ、62歳で燃え尽きた和平さんの功績や人柄を偲んだ。交流のあった幅広い関係者や作家仲間も多数参列していて、その存在の大きさに悲しみを深めた。

大導師は法華宗の日照山法昌寺住職の福島泰樹さんが務めた。和平さんが学生時代から親交のあった福島さんは読経を唱えた後、和平さんの作家人生を総括し「優しい眼差しで時代の業苦を生き、人間の心の闇と光を書き続けた作家立松和平の旅は終わらない」と功績を称え、別れを惜しんだ。

続いて、偲ぶ会実行委員会代表の北方謙三さんが、遺影に向かって弔辞を読み上げた。「別れの言葉は言わない。君が残した作品があるからだ。ただ君はもう、新作を書くことがない。それが悲しい」と語りかけ、「君の残した作品は、時代の中でどう読み継がれていくのだろうか。それを見届けるのが僕の友人としての責任だろう」と結んだ。

「立松和平さんを偲ぶ会」の祭壇（2010年）

さらに作家の三田誠広さん、辻井喬さん、映画監督の高橋伴明さんらが別れの言葉を述べた。こうした有名人の弔辞が続いた中、和平さんの知床での同志である佐野博さんが「知床に立松さんが根付かせた例祭とお堂がある限り、後世に繋いでいきます」と、涙ながらに語っていたのが印象的だった。

遺族を代表して長男の林心平さんが「300冊あまりの著作を残し、これからも40冊近くの本を出さなければなりません。今後も立松の作品をよろしくお願いします」と謝辞を述べた。

祭壇には、白ユリで覆われた立松さんの遺影が飾られていた。いつに無くネクタイ姿の和平さんの笑顔が弾けていて、逝去してしまったという実感がわいてこなかった。葬儀所前の広い庭には、時間が経過しても長蛇の列ができ、ファンら一般参列者を含め約1000人が焼香し、冥福を祈った。

斎場玄関前の廊下には、100冊近くの著書が並べられていた。私も書棚に三十数冊を所持しているが、いかに多くの作品を遺してきたかを再認識した次第だ。和平さんは亡くなったけれど、作品を通して私たちの心の中に生き続けていくことを深く心に刻み、斎場を後にしたのだった。壮絶に生き急ぎ、書き急いだ和平さんのすさまじい執筆は、決して書斎なんかで、生まれたものではなかった。日本だけでなく南極まで駆け巡り、行く先々の地域に溶け込み、土地の人たちとどんな夢を紡いできたのか、その姿を知床に見た。

和平さんの愛した知床は自然の大地

和平さんがこよなく愛した知床との「絆」や、遺された言葉や文章を通し、和平さんの心の風景を探ってみよう。

2009年夏、初めて知床を訪ねた。知床と言えば、手つかずの自然美が残り、2005年7月に世界自然遺産に登録されている。それゆえ環境保全と観光開発の矛盾する課題に直面していた。和平さんはこの地を定点観測するようになり、二十数年前から繰り返し訪れ、第二の故郷となっていた。

旅の目的は知床の観光ではなく、和平さんが勧進の法要参列と、前日に開かれる「知床世界自然遺産フォーラム」の聴講だった。とはいっても2泊3日の合間を縫って、知床半島にも足を伸ばした。

やはりここは自然にあふれた大地。沿道には野生のシカやキツネを見かけた。国道沿いに日本の滝100選に数えられるオシンコシンの滝がある。途中から流れが2つに分かれていることから「双美の滝」とも呼ばれている。落差が80メートルあり、流量も豊富で、滝の中ほどの高さまで階段で上がることができ、迫力があった。

さらに車を進めると、知床連山の懐に5つの湖がある。知床五湖は原生林の中にひっそりと存在し静寂そのもの。木造の散策路が設けられ、本来なら順繰りに巡回できるのだが、クマが出没する恐れがあり、最初の二湖だけしか見ることができなかった。知床連山を湖面に映し優美な光景だった。入り口近くにはオホーツク海が望める展望台があり、木造の通路が整備されていた。

和平さんによると、知床では、冬に流氷が運んでくる多くの植物プランクトンを、春に氷が溶けると小魚が食べ、その小魚も大きな魚や鳥の餌に、そして川を遡上するサケはクマの餌に、といった食物連鎖が繰り返されてきたのだ。そしてこの地に入植した漁師たちもその自然生態系の中で暮らしているのだ。

和平さんは大学生時代に知床に来て、自然いっぱいの秘境を知った。やがてテレビの仕事で何度か取材しているうちに、この地がすっかり気に入り、ログハウスの山荘を買い求めたのだった。

知床の魅力について、和平さんは「知床にはヒグマやオオワシ、トドなどの自然生態系が残っているだけでなく、そこには入植した開拓民が自然と共生し細々と生きているのです。漁師の立場で言えば、クマは人を恐れない。漁師もクマを恐れなくなった。クマはクマを生きている。ヒトもヒトを生きなければいけない、ということです。知床ではこの点に本当の価値があります。人間の生態系があって漁師がそこで生活している点がすばらしいのです」と話していた。

昔の村に3つのお堂を建て毎年法要

法要が営まれたのは斜里町から知床半島のオホーツクラインを走って約40分、知布泊の林の中だった。ここにはかつて村の学校や神社があったそうだ。知布泊は斜里の街中より運行されていた殖民軌道の終点として駅逓所も設けられ、知床開発の結節点として重要な役割を果たしてきた。やがて殖民軌道は、道路の整備などによりその役目を終えたのだった。

土地の有志が30年前に小中学校跡地を借り受け、大自然の中で語らい憩える場としてログハウスを建てる運動を始めたのだ。平成の「知床知布泊村」の建設だった。その「村長」が佐野さんだ。知布泊村は行政上の自治体ではなく、佐野さんらが自称する小さなコミュニティ「自然村」なのだ。

ここは連合赤軍事件を題材にした和平さん原作の映画「光の雨」(２００1年、高橋伴明監督)の撮影が行われたロケ地にもなった。こうした縁で、和平さんも「村民」になった。佐野さんらは、和平さんに神社復興を依頼したのだ。どうしてと問うと、「なんでもやってくれそうだから」の返事。それなら「やるしかない」と答えた、そうだ。

和平さんは友人の福島泰樹住職に相談して、北方の守護神でもある毘沙門天を祀る毘沙門堂を15年前に開設した。細部は大工さんに仕上げてもらったが、みんなで板を切り、丸太を運び手造りで建てた。和平さんも金槌を持って屋根に上がり大工仕事をした、という。

毘沙門堂、通称知床毘沙門堂のお堂開きは福島住職を導師として1995年7月に行われた。和平さんがその頃、小僧として毎年お正月に修業していた法隆寺の高田良信管長（現長老）も参列され、その縁がきっかけとなり、毘沙門堂の隣に知床聖徳太子殿が建立された。その後、法隆寺の大野玄妙管長も訪ねるようになり、またまた手造りによって、観音堂を建立し、落慶したのだった。

合わせて知床三堂と呼ばれ、毎年例祭が行われるようになった。和平さんは「私たちは自然の流れのうちに観音様を祀っていたことになりますが、決まりなんてありません。その人それぞれに自由な信仰でよいと思っています。夏の良き日に、よき仲間が知床に集まれるのが、何よりの幸せですから」と語っていた。

私も参列した15周年の法要には、地元の人たちに加え全国各地から約300人が駆けつけた。福島住

知布泊の林の中に建つ知床三堂（2009年）

職をはじめ法隆寺の大野管長や京都仏教会理事長で相国寺派の有馬頼底管長、中宮寺門跡の日野西光尊尼ら僧侶だけでも26人も参列した。

和平さんが法衣を身にまとい勧進の役を担った。「一大行事になり地元の負担を考えると、15周年を機に縮小しなければ」と、和平さんは気をもむが、地元は多くのボランティアで盛り上がっていた。

法要の前日には、「知床世界自然遺産フォーラム」が斜里町で開かれ、これからの取り組みやあるべき姿について、バトルトークを交わした。その中で、自然の生態系や、観光客の急増問題も議論された。

勧進役を務める法衣姿の立松さん（2009年）

好きな言葉に「流れる水は先を争わず」

私は能登半島の門前で和平さんと知り合って以降、大阪・奈良や東京で交誼を重ねた。２００６年に中之島の朝日カルチャーセンターの公開講座で対談し、２００９年にも私の郷里・愛媛県の新居浜文化協会創立60周年の記念行事でも講演や私が司会する鼎談などの機会もあった。

和平さんは、法隆寺に続いて、永平寺でも修業した。そして『道元禅師』（２００７年、東京書籍）の上下2冊の大作を著し、泉鏡花文学賞と親鸞賞を受賞している。本人も苦しみながら修業のつもりで書いたという長編を読んでいると、こちらまで修業僧になった気分になる。

親鸞賞は本願寺文化興隆財団主催の文学賞で、２０００年に創設され2年ごとに選考している。その第5回受賞者に和平さんが選ばれた。京都の東本願寺東山浄苑で２００８年10月に授賞式が行われ、私も出席した。その夜、祝賀会があり、翌年に郷里で予定されている文化講演会の講演をお願いしたのだった。

講演は私が顧問をしている新居浜文化協会創立60周年の記念事業で、２００９年9月に催された。和平さんには「自然との共生故郷の再生」のテーマで基調講演をいただいた。和平さんに市教育長や文化協会会長も加わり、私が司会をして「絆で築こう故郷の文化力」のフォーラムも催した。

大阪の朝日カルチャーセンター 公開講座で対談（2006年）

和平さんは、自分の故郷にあった足尾銅山と新居浜の別子銅山を比較した上で、閉山後にいち早く緑に復した別子に比べ、足尾の現状を嘆いた。日光市足尾町で毎年4月に開かれるNPO法人「足尾に緑を育てる会」の植樹デーにも毎回参加するなど、自ら現場に足を運び自然保護や環境保全を訴え続けていた。

和平さんは新居浜での講演時に、別子銅山の産業遺跡を訪ねたいとの要望が出されていた。このため前日に新居浜に入り、坪井利一郎・前市産業遺産活用室室長のガイドで別子銅山の遺産のある東平地区や銅山記念館などを見学した。表土まで無くなり一面の禿山になった足尾の荒廃した山と違い、別子銅山のあった銅山峰の緑濃い山並みを見て、植林事業に取り組んだ伊庭貞剛ら先人の英断にとても感心されていた。

講演会は午後からだったため、午前中には新居浜の名刹、曹洞宗の瑞応寺に案内した。楢崎通元住職が直々にお寺の沿革などを説明。日ごろ非公開の県指定文化財に指定されている「大転輪経蔵」も見せていただいた。『道元禅師』を著した作家という事もあり、若いお坊さんから本へのサインを求められ、和平さんも苦笑していた。

新居浜文化協会60周年で記念講演(2009年9月)

新居浜ではこんな話題も。故郷在住の高校時代の同級生から、ご主人が文芸同人誌に発表した作品を出版したいので、「尊敬する立松先生に序文を書いていただけないでしょうか」と懇願された。私は和平さんの貴重な時間を必要とするだけに、一旦はお断りしたが、その心情にほだされ、和平さんに伝えた。「いいですよ。私はあなたからの依頼で断ったことがありますか」と即決。なんと4日後に、序文が届けられた。

序文には「書くということは、過去の命の軌跡をたどることであり、その軌跡を未来へとつないでいくことである」。そして「書くことは、心を浄化する。生きるためには、書かないでいられないのである。書くことによって、命の軌跡はまだまだ先に伸びていく」と、綴られていた。本は没後に出版されたが、書くものへの遺言のようなメッセージでもあった。

夭折を追悼する『立松和平追想集』（2010年）が手元にある。タイトルは「流れる水は先を争わず」。和平さんが好んで色紙に書いた言葉だ。和平さんは句も詠んだ。私の心に沁みる、こんな句がある。

命あり今年の桜 身に染みて

瑞応寺で楢﨑通元住職らと記念撮影（2009年）

文化で国際貢献、元拉致問題担当大臣の中山恭子さん

地球市民の時代へ、「共生」の理念を追求

「袖振り合うも多生の縁」といった故事もあるが、まったく接点の無かった人と、交誼が拓けることもある。出会って後に、内閣官房参与に就任し北朝鮮による拉致被害救済で時の人となり、参議院議員として活躍された中山恭子さんもその一人だ。ある日、知己を得てから親交が続き、「共生」をテーマに各地で対談をさせていただいた。21世紀こそ、国境や政治の壁、宗教の違いを超えた地球市民の時代にしなくてはならない。そうした時代のキーワードは「共生」であり、その理念を追求する上で、多くの示唆を受けた。

50歳代の中山恭子さん

シベリア抑留者が建設の劇場で『夕鶴』

まず中山恭子さんの華麗な略歴を記しておこう。1940年1月26日生まれ。群馬県立前橋女子高等学校を経て東京大学文学部卒業後、大蔵省に入り、四国財務局長、大臣官房参事官兼審議官などを歴任。

その後、国際交流基金（ワシントン）常務理事、駐ウズベキスタン大使兼タジギスタン大使を務め、2002年9月から2年間、北朝鮮による拉致被害の家族を担当する内閣官房参与や内閣総理大臣補佐官に就任。拉致被害者を北朝鮮に返さない方針を貫いた。

その後、2007年から参議院議員（自民党、比例区）に当選。福田康夫改造内閣で、内閣府特命担当大臣（少子化対策、男女共同参画）、拉致問題担当大臣、公文書管理担当大臣に。その後、自民党を離れ、日本のこころ代表、希望の党顧問・選挙対策委員長などを務め、2期12年間にわたる政界を引退した。元夫は衆議院議員で大臣経験者の中山成彬さんだ。

私が中山さんに初めてお目にかかったのは1999年7月、東京のホテルで平山郁夫画伯への面会に同席してのことだ。その日、朝日新聞創刊120周年記念特別展「三蔵法師の道シルクロード」の記者発表で画伯に講話をしていただいた。8月にウズベキスタン大使に着任するという中山さんが平山画伯に挨拶に訪れたからだ。

当時、日本の女性大使は珍しく、しかも大蔵省出身も異例だった。平山画伯は激励と期待の発言をされ、ウズベキスタンについて懇談した。私がそれまでに3度訪ねていて、特別展にもウズベキスタンから出品されることになった経緯などを説明した。このことが何度もお目にかかるきっかけとなった。着任直後の11月、中山大使は会場の東京都美術館にウズベキスタンの外務大臣らを伴って鑑賞することなる。大阪在住の私が駆け付け、案内役を務めた。

ご縁が続くもので、その後に国立民族学博物館名誉教授の加藤九祚さんがウズベキスタンで発掘している出土品の展覧会を開催することになり、現地の大使館から便宜を図っていただいた。2002年には加藤九祚さんの発掘成果の展覧会「ウズベキスタン考古学新発見展　加藤九祚のシルクロード」が東京を皮切りに奈良・福岡の三都市を巡回した。東京展の開幕懇親会には、中山さんも駆け付け祝辞を述べられた。

この展覧会準備のため、2002年3月に現地を訪れた。加藤さんが文化財発掘の貢献が評価されテルメズ市から名誉市民の称号が贈られることになり、中山大使から思いがけずタシケントの公邸での夕食会に招かれた。加藤さんへの祝宴の計らいだった。

席上、国際交流基金主催により2001年8月、ウズベキスタンで開催された『夕鶴』公演に話が及んだ。会場のナボイ劇場はレンガ造りの重厚な国立オペラ劇場で、その建設にあたったのは戦後旧ソ連がタシケント市に移送した元日本兵約450人だった。1960年代の大地震で他の公共建物がほぼ全滅した中で唯一残った。以来ウズベキスタンに〝すばらしい日本人伝説〟が生まれるきっかけとなった建物だった。『夕鶴』終演後、ナボイ劇場建設に携わられた元日本兵の方々が舞台に登場し、万雷の拍手で迎えられたのだった。

中山大使も、この和式オペラとナボイ劇場の歴史に感動し、「日本の舞台装置や技術、特に照明のすばらしさなどはウズベク側のオペラ関係者に大きな感激を与えたようでした、こんな人的交流の深まった文化協力は初めてかもしれない」と、感慨深く、振り返っていた。

その『夕鶴』公演が加藤さんの祝宴の翌月、大阪の第44回大阪国際フェスティバルで実現することになっていた。中山大使は「ぜひ帰国して、もう一度あの舞台を見たい」と話された。その旨を朝日新聞の大阪代表に伝えると、「ご招待しよう」ということになった。

当日はフェスティバルの役員であり、私の所属していた企画部の上司であった見市元さん（２０１８年死去）が接待することに。見市さんは東京本社経済部時代に大蔵省担当で、中山さんと旧知でもあった。

終演後、中山大使を囲む夕食会が持たれた。中山大使から「そろそろ任期を終えます。在任中にタシケントに来てください」と誘われた。見市さんは、その甘言に乗じ、私を誘い夏休みにウズベキスタンに出かけた。世界遺産のサマルカンドやブハラなど各地を観光し、帰国前夜、見市さんともども公邸に招かれた。私にとって2度目で、面識のできた大使館スタッフも交え歓談した。

北朝鮮による拉致は「日本の主権侵害」

中山さんは帰任後一転、北朝鮮拉致問題に取り組み、内閣官房参与から総理大臣補佐官の重責を担う。それは意外と知られていないが、まずウズベキスタンに着任直後に、日本人の拉致問題に遭遇され、適切に対処されていたことが伏線にあった。

ウズベキスタン大使公邸中庭で（2002年）

隣国キルギスの南西部で日本人鉱山技師４人を含む７人が反政府武装グループに拉致される事件が発

生した。犯人はタジキスタンで活動していたイスラム原理主義グループで、日本人らを引き連れタジキスタンの山岳地帯にたてこもった。

中山大使は、タジキスタンも担当していたので、大使館で対応すべきと考えていた、しかし外務省は「事件が起きたキルギス政府に交渉を全て任せる」という方針だった。本国の指示はなかったが、中山大使は「現地の大使館が出来る限りの努力をするのは当然です。救出出来る可能性が少しでもある限り、自分たちが出来ることをしようと、大使館の職員達が一丸となって取り組みました」と述懐する。

武装グループに対して影響力を持つウズベキスタン政府やタジキスタンの関係者を通じて交渉や説得を行い、人質の解放に成功した。事件発生から64日ぶりに全員が救出された。この解決の背景に中央アジアの人々と交友関係で結ばれ広い友人ネットワークを持っていた大使館職員がいたのだった。

こうした経験が買われたのか、北朝鮮拉致問題担当の内閣官房参与に抜

拉致被害者の帰国（2002年、中山事務所提供）

擢された。その時期、小泉純一郎総理の訪朝の精華として、拉致家族の一時帰国が認められた際に、中心的役割を担った。

拉致問題をどう捉えるかについて、中山さんは「政府の中にもいろいろな意見があり、北朝鮮との交渉をめぐって政策的な違いもありました。5人の被害者が日本に帰ってきた時、政府の中では、一時帰国したものであり、北朝鮮に戻すことが既定のこととなっていました。しかし北朝鮮による日本人拉致は犯罪行為です。被害者を再び犯人たちの手に戻すことはあってはならないのです」と考えた。

まず5人に問い合わせると、「日本に残りたい」との希望を伝えてきた。さらに国民が拉致されているのだから、主権が侵害されている問題だ。5人が希望するからというだけでなく、日本として拉致被害者をどうするのか。中山さんは、「戻すのか日本に留めるのか、について政府が決断しなければならない問題です」と主張した。最終的に、5人の意思にかかわらず、日本政府が5人を日本に留めるという方針を決定した。

内閣官房参与退任後の2006年9月には、私が仲介し大阪のリーガロイヤルホテルで中山さんの講演会「地球に生きる～未来を見据えて」が開かれた。在任したウズベキスタンや拉致問題に関わられた顛末を語られた。「拉致問題は被害者・家族だけでなく日本人一人ひとりに関わる問題。日本人すべてが全面解決をと、叫び続けることが重要です」と強調されていた。そして国家のあり方や役割に言及し、「アジアの中の日本」について提言された。穏やかな口調ながら、いかに拉致家族の信頼が厚いのかを察した。

これより先、拙著の『夢追いびとの不安と決断』（2006年、三五館）の出版記念の集いが、在住の大阪と、朝日新聞の支局長を務めた金沢、故郷の新居浜で催されることになり、いずれかに出席をお願いしたところ、3カ所とも引き受けてくださった。金沢では、二次会まで加わり、私の知人らとも夜遅くまで付き合っていただいた。

2007年1月には、東京の朝日カルチャーセンターと京王プラザホテル連携の公開講座で対談させていただいた。その中で、21世紀を、友好と文化の世紀というとらえ方をしたい、と次のような趣旨を述べられた。

「日本は、かつては中国大陸、朝鮮半島などを通して世界中の文化を受け入れ、また明治以降は欧米文化も取り込んで、文化の基盤を創り上げ、日本的なものに変えてきました。しかし伝統を重んじ、寛容と進取の精神を備えた日本の文化を、国際社会に対しほとんど発信してきませんでした」

「日本が国際的な貢献をするという時、経済だけでなく、文化を前面に出したいものです。日本が持っている質の高い文化について、もっともっと自信を持って良いと思います。ヨーロッパ文明とは質が違うが、日本の文化は、質の高さでは劣っていないと感じました」

「世界のあちらこちらで、今もなお悲惨な状況が続いて

公開講座を前に挨拶する中山さんと筆者（2007年）

います。豊かになった日本は日本の文化を世界に向けて発信し、文化を通じて国際貢献を果たせると考えています。慈しみ、分かち合う心など日本的なものを、自信を持って国際社会に打ち出していくことが大切です」

「文化のプラットホーム日本」を提言

国会議員としての活動にも注目したい。2007年7月の参議院選挙で初当選した。その年秋に中山さんを表敬訪問した。後援会に入った私に、年4回の「国政報告」が送られてきた。拉致問題の支援には継続して取り組み、拉致被害者の家族の信頼が他の政治家より抜きんでていた。横田夫妻の活動に寄り添い、全国各地に出向いている。こうした拉致問題だけでなく、中山恭子後援会は2008年7月に政策研究活動を推進するため「日本文化による国際貢献を考える研究会」を設立した。

趣意書には「経済力だけでなく、日本文化の持つ共生、調和の力を活かす」、「日本全体を文化交流の場として国際社会に提供する形で、日本の文化力を世界に発信する」、「課題を政策提言としてまとめ、実現へ向けた活動へ」などが盛られた。趣意書に基づき、年4回のペースで、講師を招き研究会を重ね

国会で代表質問（2011年、中山事務所提供）

た。その講演録を後援会のメンバーらに送付している。私も毎回拝見していたが、一流の講師の「文化」をテーマにした講演内容は、写真や関連資料も掲載されていて読みごたえがあった。

第1回は東京大学名誉教授で大原美術館館長の高階秀爾さんが「西洋の美・日本の美」について、美術作品や建築、庭園などを比較し、その違いを説明した。

講師には、元ユネスコ事務局長の松浦晃一郎さんはじめ、作家の半藤一利さん（2021年死去）や、外国の方からも法政大学国際戦略機構特別教授のヨーゼフ・クライナーさん、ポーランド共和国特命全権大使のヤドヴィガ・M・ロドヴィッチ閣下ら幅広い分野の方に要請している。

こうした研究会を続ける中、2009年9月には政策提言を作成するための作業部会を設置し、2010年6月に、「世界中の文化が輝き、溢れ、交流する「場」をめざして—文化のプラットホームとしての日本」の提言の発表にこぎつけた。

これらの施策を中山さんは『国想い夢紡ぎ』（2011年、万葉舎）にまとめた。その出版記念「日本文化による国際貢献を考える集い」を催した。政治家のパーティーに出席するのは初めてだったが、短期間での精力的な活動に

出版記念で挨拶する中山さん（2011年）

興味津々だった。私は執筆活動の一環としてインタビューをお願いし、ネットなどで報じた。

日本人墓地に桜の苗木を植える活動

中山さんの著書に『ウズベキスタンの桜』（2005年、KTC中央出版）がある。大使を離任した後も、毎年1回はウズベキスタンを訪問し、日本でも、関係者との交流が続いている。中山さんにとって、第二の故郷のようになったウズベキスタンとの交流を思い入れたっぷりに綴った。

ウズベキスタンの首都タシケントの中央公園や日本人墓地などに1300本もの桜の苗木が植えられたのは2002年。この植樹に尽力したのが、当時ウズベキスタン共和国特命全権大使を務めていた中山さんだ。著書には桜植樹の顛末も書かれ、本のタイトルは、桜を介した国際交流の思いを込めたそうだ。

旧ソ連に抑留されウズベキスタンの地で亡くなった元日本兵は、ほとんどが若者だった。日本に帰ろうと頑張っていたが、帰国できずに亡くなり日本人墓地に眠る。中山さんは、この光景を見て、「土まんじゅうの前に立ちました時、訪ねる日本人もないまま長い間、遙か異国の地で眠っているのかと痛感

インタビューを終えて歓談する中山さんと筆者

しました。せめて墓地を整備し、桜を植えたいと思いました」と振り返る。日本で募金をお願いし、そのご芳志をもとに、13カ所の墓地全ての整備を終え、鎮魂の碑を建て、桜の苗を植えることが出来たのだった。

墓地と中央公園にも600本の桜を植えた。合わせて27種類の桜1300本のほか、梅、桃も100本植えた。植植樹祭の時に、中山さんは「桜は綺麗に咲くまで、20年ほどかかります。日本では桜が咲けば美しい花を喜び、宴を催すのです。20年ほどしたら、桜も大きくなりますから、その時は、日本の皆さんもお連れし一緒にお花見を致しましょう」と約束していたのだった。

この話を聞いた私は、「お花見に同行させてください」と申し出ていた。歳月が流れ、20年後の2022年春を迎えたが、思いもかけない世界的な新型コロナ禍とあって実現できなかったのが悔やまれる。

日本大使館の庭に咲く桜(2010年、中山事務所提供)

アンサンブル金沢を創設した岩城宏之さん

「おらが街のオケ」、世界をめざし大きな足跡

人生の出会いに偶然の積み重ねもある。美術はともかく音楽には、それほどの関心もなく、ましてクラシックの音楽会など縁遠かった私は、新聞社の異動で音楽と大いに関わりを持つことになる。オーケストラ・アンサンブル金沢（以下ＯＥＫ）を創設した岩城宏之さんに初めてお会いしたのは、朝日新聞金沢支局長に着任した１９９１年春にさかのぼる。当時、朝日系列の北陸朝日放送が開局し、メディアミックスによる各種イベントに奔走することになった。開局して間のないテレビ局にとって、３年目を迎えていたＯＥＫは、岩城さんの指導力によって、新鮮で魅力にあふれていた。２年足らずの任期後も、ＯＥＫの活動を見守っていた２００６年６月、岩城さんは73歳で他界した。その情熱とパワーに圧倒され、オーケストラ演奏への魅力を目覚めさせていただいた岩城さんが亡くなって、まもなく20年の歳月が流れる。

50歳代頃の岩城さん
（OEK提供）

ＯＥＫ初代音楽監督を偲び追悼演奏会

岩城さんの葬儀には参列出来なかったが、約1カ月後の追悼演奏会に出向いた。会場は金沢駅前に２００１年秋完成した石川県立音楽堂だ。岩城さんが晩年、ホームグラウンドにしていたコンサートホールには、大きな遺影と在りし日の指揮棒を振る岩城さんの写真パネルが掲げられ、厳かに催された。

黙祷の後、トーマス・オケーリーさんのティンパニ演奏が、静まり返った会場に響き渡った。曲は、Ｅ・カーターの「ティンパニ独奏による『サエーター』」。かつて岩城さんが打楽器奏者であったことを想起させ、儚く聞き入った。続いてＯＥＫによってＪＳバッハの「Ｇ線上のアリア」が指揮者を立てず献奏された。

当時の谷本正憲・石川県知事や山出保・金沢市長の追悼の言葉の後、演奏会に移った。岩城さんが生前親しくし、当初首席客演指揮者を務めていたジャン＝ピエール・ヴァレーズはじめ、楽団と関係の深い外山雄三、天沼裕子、池辺晋一郎の4氏の指揮で、ベートーヴェン交響曲第7番、「悲しみの森」（作曲・池辺晋一郎）や「夏の思い出」（作曲・中田喜直）など7曲が演奏された。

プログラムの表紙の岩城さんは微笑んでいた。一から築き上げた自前のオーケストラ。まさに「おらが街のオケ」は、この年創設18

指揮者のいない献奏（2006年、OEK提供）

年。押しも押されもしない実績を誇っていた。しかも念願だった1560席のフランチャイズ・ホールで、多くの人に囲まれての追悼に、冥界の岩城さんにとっても、さぞかし達成感があったのではなかろうか。

OEKと言えば岩城さんと同義語のような響きがある。それもそのはず石川県と金沢市に経済界も応援をして第3セクターを立ち上げる際に、三顧の礼を尽くして迎えられたのだ。岩城さんはその10年前にも名古屋フィルの設立や札幌交響楽団の監督もしていて、経験と実績から最適任者とされたのである。かくしてOEKは1988年、岩城さんを初代音楽監督に迎え、日本最初のプロの室内オーケストラとして誕生した。

演奏会のプログラムには思い出の写真アルバムが掲載されていた。最初は設立記念公演で終演後に立ち上がった団員の真ん中で両手を広げて喜んでいるマエストロ。ジュニア・オーケストラ、エンジェルコーラスと共演した時に子どもたちに囲まれ微笑む岩城さんの姿も。

終演後に喜びの岩城さん（1988年、OEK提供）

子どもに囲まれ微笑みも（2003年、OEK提供）

2001年の石川県立音楽堂柿落とし公演のパノラマ写真もある。この時はバンベルク交響楽団合唱団とベートーヴェンの交響曲第9番「合唱」などを演奏している。最後は、2006年4月に最後の指揮となった第200回定期公演の岩城さんは車椅子姿だ。この間、岩城さんは、実に18年も楽団を牽引してきたのだった。没後、長年の功績から永久名誉音楽監督の称号を贈られた。

私がOEKを知ったのは、朝日新聞金沢支局に着任する直前、前任の鳥取市民会館での公演だった。朝日新聞社が後援した後、OEKの本拠地に乗り込んだ格好だ。その頃、OEK（指揮・榊原栄さん）による朝日親子サマーコンサートが継続開催されていて、事業部長だった山田正幸さん（長年ゼネラル・マネージャーとして活躍）と親しくなった。

山田さんは、能登半島の高校の音楽教師をしていた。県内の公立高校のブラスバンド部顧問だったこともあり、石川国体の式典音楽の専門員をしていて、OEKに引き抜かれた。以来22年間も勤め、岩城さんの信任が厚かった。

故人となった1991年時の中西陽一知事は「ハードよりソフトを」の姿勢を貫き、古い県庁舎を建て替えすることもなく、音楽振興を図ろうとオーケストラの創設に乗り出したのだ。私が当時、石川と東京、沖縄の3都県にしかいない女性副知事を一堂に「女性副知事シンポジウム」を企画し、そのアトラクションにOEKの女性カルテットの演奏を申し入れた時も、全面的な協力を即決していただいた。

県庁舎ですら老朽化していただけに、楽団の方も専用のホールが

車椅子で挨拶する岩城さん（2006年、OEK提供）

なく、練習場も古く狭いプラネタリウム施設を改造して使っていた。岩城さんの厳しい練習風景も片隅で見学させていただいた。団員を指導する集中力はすさまじい。一見いかめしく感じた岩城さんだが、普段は冗談も飛ばし、とても気さくなのが意外だった。

「金沢の文化として永遠に発展」を期す

石川県厚生年金会館や金沢市観光ホールの定期公演にも顔をのぞかせた。日常のニュースに振り回されていただけに、コンサートの時間は気休めになった。クラシックとは疎遠だった私だが、岩城さんのお陰で、ベートーヴェンやモーツアルトの曲など音楽世界に浸るようにもなった。

１９９２年の夏休みには、山田さんと秋田、青森、仙台に旅行し、各地で朝日系列の放送局を訪ね、音楽事業についてＯＥＫ公演の実現に向け協力したこともあった。こうした貢献が評価されたのか、１９９３年に私が金沢を離任する際、岩城さん特有のジョークで直筆による「関西総支配人を命ず」の辞令をいただいた。

古いプラネタリウムでの練習風景（1991年）

そうしたご利益もあってか、追悼演奏会や節目の行事、大阪での定期演奏会、記念誌などの寄贈を、いまだに受けている。「金沢から発信する世界に一つのオーケストラを」との岩城さんの夢に、気持ちだけでも「関西総支配人」として、私も紡がれていいたい思いがする。

岩城さんは1932年東京都生まれ。東京藝術大学音楽学部打楽器科に学び、在学中にNHK交響楽団副指揮者となり、デビューは24歳。1960年N響と世界一周演奏旅行をして、一躍海外でも注目される。1962年、チェコ国立放送交響楽団を指揮してヨーロッパのオーケストラにデビュー。以来、国内はもとより、ベルリン・フィル、ウィーン・フィルをはじめとする海外の主要オーケストラで客演指揮し、国際的な演奏活動を続けていた。

国内でも、OEK音楽監督のほか、NHK交響楽団終身正指揮者、札幌交響楽団終身桂冠指揮者、京都市交響楽団首席客演指揮者、東京混声合唱団音楽監督などを兼任し、華々しい活躍をした。1990年にフランス芸術文化勲章はじめ数々の音楽賞に加え、『フィルハーモニーの風景』(岩波書店刊)で1991年に日本エッセイストクラブ賞も受賞している。日本芸術院会員でもあった。

とりわけ、亡くなる年の1月末、2005年度朝日賞の贈呈式と祝賀パーティーが帝国ホテルで行われた。内外の活発な指揮活動で日本の現代音楽作品を幅広く紹介した功績が評価された。

岩城さんと金沢の接点は、母が金沢で生まれ育ち、富山出身の父も旧制四高だ。本人も戦争末期から敗戦後に疎開し、金沢一中に在学している。オーケストラを創るに当たって、当時は日本海側になかったことと、文化的な土壌のある金沢に目を付けたようだ。

ウィーンでの公演(2004年、OEK提供)

岩城さんは、その当時の心境を次のように記している。

「オーケストラ・アンサンブル金沢」が永久に日本一を続けることは、途方もないほど難しいことだ。初代音楽監督のぼくが去り、あるいはこの世から消えた後も、金沢の文化として永遠に発展しなくてはならない。

『クラシック・コンサートへようこそ』（1990年、能登印刷・出版部刊）

ベートーヴェン第一から第九まで全曲演奏

OEKは、2007年より岩城さんの後任音楽監督に指揮者の井上道義さん（現在は桂冠音楽監督）を迎えた。2月25日に石川県立音楽堂で催された「井上道義音楽監督就任記念公演」では、初めての「邦楽・声明との出逢い」を実現させた。井上さんは持ち前の積極性と挑戦精神で、OEKの活動を15年にわたって引っ張った。

その後、OEKは2022年9月以降、広上淳一氏をアーティスティック・リーダー、松井慶太氏をコンダクターらによる新指揮者陣に移行した。金沢駅前に威容を誇るフランチャイズ・ホールの石川県立音楽堂を拠点に活動を続けている。次の世代にバトンを渡され新たに展開を期しているとはいえ、これまでの歩みは岩城さん抜きに語れない。

記者会見する岩城さんら（2005年、OEK提供）

年間110回もの地道な演奏活動を続け国内では金沢での公演のほか、東京、大阪、名古屋においても年2回の定期公演を実施し、高い評価を得てきた。海外も1989年のベルギー、フランス以来、毎年のようにオーストラリア、イギリス、ドイツなどヨーロッパ各地やアジア諸国の演奏ツアーに出向き成功をおさめている。

そのレパートリーは、ハイドンやモーツァルト、ベートーヴェンの古典を軸に、ロマン派のシューベルト、ブラームスなども演奏し、またロシア、フランスものから室内オーケストラ作品の数々等多彩、特に設立以来武満徹ら現代作品への挑戦や委嘱初演は特筆すべきものだ。

輝かしい業績と肩書きを持つ岩城さんから1992年春、相談を持ちかけられた。繁華街である片町のラウンジで懇談の席上のことだ。その年、朝日新聞東京本社敷地内に11月にオープンを控えていた浜離宮ホールの客席や設備、音響効果などの資料を求められたように記憶している。

OEKの東京公演の可能性を想定していたのだろう。後日、山田さんからの要請もあって、浜離宮ホール支配人の志村嘉一郎さん（故人）を紹介した。志村さんも興味を示し、金沢まで出向いてきて、実際に演奏を聴き、OEKの実力に納得したようだ。私が金沢離任後、着々と公演交渉が整った。

その後、驚いたことに浜離宮ホールで1994年にベートーヴェン、翌年にモーツアルトのそれぞれ全交響曲連続公演が実現したのだ。もちろんオケーリーさんも主要メンバーだ。ホールは552席の小規模ながら音の響きの美しさは抜群で、岩城さんのお眼鏡にかなったようだ。

OEKから、浜離宮ホールで録音し限定頒布されたベートーヴェン全交響曲収録の5枚組みのアルバムが贈られてきた。私にとって宝物となり、あの有名な第3番の「英雄」や第5番の「運命」、第6番の「田園」、そして第9番合唱付きを何度となく聴いたものだ。

ベートーヴェンと言えば、岩城さんは後世の語り草になる偉業を成し遂げている。2004年と翌年の大晦日に、池袋の東京芸術劇場で「もはや、運命。岩城宏之ベートーヴェン第一から第九まで振るマラソン」演奏を開催した。

三枝成彰さんの発案で挑戦した公演は9時間を超える長丁場を一人で、なんと完全暗譜という離れ業で指揮したのだ。さすがに2005年時は岩城さんの健康面に配慮し、医師の日野原重明さんを聴衆として立ち会っていただき、途中1時間の休憩時間を設けヘルスケアを行うという条件下で、プログラムを断行した。

岩城さんにとって計4枚のCDに集約したグラモフォンレーベルの「21世紀へのメッセージ」も大きな実績だ。「現代音楽の聴衆は確実に増えている」との信念に基づいて「日本で一番、現代の作品を演奏しているオーケストラなんです。どんな音楽でも面白がって演奏するオーケストラにとの思いが実現しつつあるのです」との言い分だ。

存在大きい「生涯指揮者」の遺志継承

「生涯指揮者」を貫いた岩城さんの存在は大きかった。

1998年3月には、たまたま出張先の東京で岩城さん指揮の公演にめぐり合い、サントリーホールで聴くことができた。メンデルスゾーンの交響曲だった。演奏がはねてパーティーに誘われ、岩城さんやソニー会長の大賀典雄さん（2011年死去）らと懇談させていただいたことも脳裏によぎる。岩城さんの尽力もあって、大賀さんはＯＥＫの名誉相談役になっていた。

顔に汗をひたらせながらの熱演の指揮には感激した。大阪でのＯＥＫの公演はほとんど欠かさず出かけた。観客も定着し、いつもほぼ満席だ。ただ岩城さんはめったに姿を見せなかった。私にとって岩城さんの指揮でのコンサートは、２００４年9月に催された大阪のザ・シンフォニーホールの定期公演が最後となった。２００５年時も予定されていたが、体調を崩されていて叶わなかった。

井上監督に引き継がれたＯＥＫは２０１１年の東日本大震災を受け、「復興支援コンサート」を4月18日、石川県立音楽堂で開き、休憩時に井上監督やメンバーらがポリバケツを手に客席を回って義捐金を募ったところ、１０７万円余が集まった。私はすぐに思い出した。金沢在任時の１９９３年に能登地震があり、その直後のコンサートで岩城さんがバケツを手に客席を回っている姿だ。岩城精神はここでも引き継がれていたのだ。

岩城さんが目指した「おらが街のオケ」ＯＥＫの「外からの評価」と「外への広がり」は、確かな足取りで継承されている。その大きな成果が、「ラ・フォル・ジュルネ金沢（熱狂の日）音楽祭」だ。いわゆるクラシックの祭典だ。世界6番目の開催都市として金沢が選ばれた。

２０１２年9月に「生誕80周年岩城宏之メモリアル・コンサート」が東京オペラシティと石川県立音楽堂のコンサートホールで開催されている。今後も節目での記念コンサートを期待したい。岩城さんが種を蒔いた音楽という「新しい文化」は、加賀百万石の城下町にしっかりと根づいている。ＯＥＫを創り、「生涯指揮者」として燃え尽きた岩城さんの遺志は、なお語り継がれ、多くの音楽を志す者やファンの心に生き続けている。

戦争を許さず、人間愛を追求した映画監督の新藤兼人さん

「生きているかぎり生きぬきたい」生涯貫いた映画人生

70歳代の新藤兼人監督

映画監督の新藤兼人さんは、２０１２年5月29日に他界し、はや10年以上の歳月が流れた。戦争を許さず、人間愛を追求した監督作品49作を遺し、１００歳の大往生だった。99歳で49作目の『一枚のハガキ』を撮ったが、なお撮りたかった作品の創作ノートが私の手元にある。原爆をテーマにした「太陽はのぼるか」だ。一周忌を機に、亡き新藤監督への鎮魂のオマージュとして、『幻の創作ノート「太陽はのぼるか」―新藤兼人、未完映画の精神』（２０１３年、三五館）を書き上げた。映画への「夢」を持ち続け、生涯を貫いた新藤さん。その「夢」に交差した私にとって忘れられない人生の出来事だ。新藤さんとの出会いと、幻となった創作ノートのことを、書き留めておきたい。

出会いは「ヒロシマ」テーマの映画製作

新藤さんは１９１２年4月22日、広島県佐伯郡石内村（現・広島市佐伯区五日市町）に生まれた。金

融恐慌で生家が没落し、尾道市の兄の元へ。そこで山中貞雄監督の『盤嶽の一生』を見て感激し、映画の道を志す。京都の新興キネマ（当時）での下積みを経て、松竹大船撮影所（同）の脚本部員となる。旧海軍に召集されたが、戦後、大船撮影所に復帰した。１９５０年、独立プロの先駆である近代映画協会を設立。翌年『愛妻物語』で監督デビューし、２０１１年の『一枚のハガキ』まで独自の道を歩み続け、生涯を通して代表作を世に送りだし続けた稀有で異端の映画人生を貫いた。二度グランプリを受賞したモスクワ国際映画祭では、03年に特別功労賞も受賞している。２００2年には文化勲章を授与された。

私が新藤監督に初めてお会いしたのは朝日新聞社に在籍していた１９９3年、新藤さんの『うわっ、八十歳』（講談社）が出版された年だ。私が95年の戦後50年の記念企画に、「ヒロシマ」の映画づくりを立案したためだった。

１９４5年8月6日の広島原爆投下は、一瞬に35万人を被爆させ、大都市を廃虚にした。この惨劇を人類の記憶に留め、「核兵器の廃絶と世界平和」を願う朝日新聞社の姿勢を内外に示そうとの発意だ。被爆の実相を再現し、音と映像による追体験を、広く社会に伝える手段と

新藤さんの文化勲章受章祝賀会で（2002年）

して、映画による再現が効果的と考えた。

監督候補は広島出身の新藤兼人さん以外に考えられなかった。それまで『原爆の子』（1952年）、『第五福竜丸』（1958年）、『ドキュメント8・6』（1977年）、『さくら隊散る』（1988年）など次々と原爆を取り上げた映画を発表。加えて新藤さんは独立プロによる映画製作の実績で、1975年度に朝日賞を受賞していた。私は新藤さんを最適任者と確信し、打診したのだ。

新藤さんは新たな視点でドキュメント・ドラマとして製作することに意欲を示し、早々とストーリーのあらましを書き上げた。それが「太陽はのぼるか」と題された創作ノートだ。そこには、以下のような実話が書かれていた。

建物疎開の作業をしていた妊婦は被爆時、赤ん坊を背負っていた。赤ん坊は母親の背中で無数のガラス片を受け身代わりになった。その母親から生まれた娘は、胎内被爆によって小頭症となり、言語障害を伴い知恵遅れのまま成長していった。母親は「この子を置いて、先に死ねない」と言い続けていましたが、1978年に亡くなった。

近代映画協会の机をはさんで、新藤監督は繰り返し強調した。「原爆投下の日のセットには多額の金がかかるが、地獄と化した町と人の様子を感動的に撮りたい」。そして「20世紀に日本が経験した悲惨な歴史から、人類の明日のことを考えてもらおう」と。かみしめるように語っていたことが思い起こされる。

私は寝ていても映画づくりへの夢を見た。エピローグは一般読者から生への希望を伝えるポエムを募り、泣いて生まれてくる乳児の顔に一行ずつかぶせて見せてはどうだろうか、といった具合だ。新藤監督にも実際に提案してみた。原爆投下の日にも新しい生命が生まれた。被爆の悲劇の深さを描くと同時に、極限状況の中から立ち上がる生命の尊厳、愛、希望を伝えたいと思ったからだ。

映画製作費を試算、リスク大きく挫折

映画の意義はともかく、1995年初めに完成しておくとなると時間がなかった。広島をはじめアメリカ、B29の発着地テニアン島などにロケをしなければならず、事前リサーチやフイルム編集を含めると1年がかりになる。完成後には試写会やキャンペーンの期間も必要だ。製作費の予算を確保するため、93年のできるだけ早い時期に結論を出さねばならなくなった。

そこで肝心の経費を試算してみると、映画製作には宣伝費を加えると4億～5億円と膨大な資金がかかることが分かった。さらに映画が出来ても、大手の映画会社に配給してもらわなければ、多くの人に見てもらうことができない。私たちにはこうしたノウハウが不足していた。近代映画協会に足を運ぶ度に、私の脳裏に期待と不安が交錯した。

東京の自宅で執筆する新藤さん（1997年）

観客数が目標の60万人を見込めず不振だった場合は、その分当然負担が大きくなる。そのためテレビなど他の朝日グループに出資を求め、協賛会社を募ることが不可欠だった。事業決定は高度な経営判断が必要になったがリスクが大きすぎ、ついに断念する羽目となった。

私たち映画推進スタッフの計画が甘かったのだ。当然、私には新藤監督に映画製作の断念を了解していただくつらい役目が残されていた。重い足取りで近代映画協会のドアをくぐり「申し訳ありません」とひたすら謝った。監督は理由を問いただすこともなく「残念だったね」とひと言。その寛容さに敬服した。

映画製作が幻に終わった時点で新藤監督との接点は終結するはずだった。ところが短期間ながら集中的に取り組んだ私は、新藤さんの生きざまを知るにつけ深い感銘を受けた。戦後50年企画の一つに、「ヒロシマ」に関連する美術品を巡回する展覧会「ヒロシマ21世紀へのメッセージ」を開催することになり、その図録に監督の文章を寄せていただくことを思いついた。

展覧会には被爆都市に開館した広島市現代美術館の所蔵作品を中心に出品した。これらの作品は美術においてヒロシマの意味を問うため、1989年に国内外の78作家に「ヒロシマ」をテーマに製作委託したものだ。さらに被爆直後の惨状を撮影した朝日新聞社所蔵の写真と、これらの写真をデジタル化した映像や、広島市民が被爆の様子を描いた絵などで構成した。

新藤さんから、映画化できなかった小頭症の物語を軸にした「霊魂よ眠れ」と題した文章をいただいた。この中で「現代の広島は見事に復興した。だが、目を閉じれば広島の空よりも巨大な鉛色のさだかでない物体が浮遊しているのだ。美術作家たちはそれを知っているから、たじろぐのだ。（制作した）

作家たちは、8月6日の広島を見ていない。作家は心でそれを見ている」と綴っていた。

そして「母親は頭の小さい子を残しては死ねないと言い続けながら、怨みを残して逝ってしまわれた。ピカドンが頭を小さくしたのだ、そのことを忘れてはならない。ピカドンは語りついでいかねばならない」と結んでいた。

展覧会が熊本、大阪、郡山、そして広島を巡回した。郡山市立美術館では、新藤監督の講演会を催した。会場では立ち聞きも含め約200人が聞き入った。新藤さんは「デジタル映像は報道写真を使った静止画だが、リアリティがあり、一片の作品になった」と、評価された。

乙羽さんの遺作『午後の遺言状』がヒット

「ヒロシマ」をテーマにした映画製作が中止になったこともあって、新藤監督は『午後の遺言状』(1995年6月初公開)を撮った。老いがテーマで、杉村春子さんが主役だった。この作品が同志で奥さんの乙羽信子さんの遺作になった。映画は大ヒットとなり、後に舞台でも展開された。

新藤さんとの仕事の関係が続いていたため、ロケ地にも誘われた。監督からいただいた『午後の遺言状』の台本の題名には

ロケ地の蓼科で乙羽信子さんと(1994年)

張り紙がしてあり、元のタイトルは『午後の微笑』だった。

後で知ったことだが、この映画を撮る前から乙羽さんは肝臓がんに侵されていた。新藤さんは、医者からあと一年有余の命で出演は無謀と聞かされていた。しかし四十余年も一つの道を歩んできた同志に「役者らしく、最後の役を演じて去ってもらおう」と、撮影に入ることを決断したのだった。薬を飲み、抗がん剤の注射を打ちながらの収録だったそうだ。病状が悪化する中で、文字通り「遺言状」になったわけだ。夫婦以上の同士の「きずな」と言える。

映画が完成し、スタッフらを集めての試写会が東京のイマジカ（現像所）で開かれた。私も招かれたが、そこには乙羽さんの姿を見つけることができなかった。体調が悪く床に伏していたという。

作品は避暑に訪れた名女優の人生の黄昏の葛藤を描いていた。ゲートボールを楽しむ老人たちを金属バットで襲った脱獄囚の挿話などもあり、ドラマはテンポよく展開する。ストーリーには若い男女の恋愛や老夫婦の心中なども盛られている。さすがにベテラン監督の味わいがありすばらしい仕上がりだった。この映画は日本アカデミー賞やブルーリボン賞の最優秀作品賞などに輝いた。

私は、スクリーンの陰で時間と闘った新藤監督と乙羽さんの壮絶なドラマに思いを馳せた。どんな逆境にあっても仕事をやりぬく意志に感嘆するとともに、「ヒロシマ」の映画づくりが実現していたならば、との無念さも脳裡をかすめた。

この『午後の遺言状』は、乙羽信子追悼公演（朝日新聞社主催）として舞台劇になった。杉村さんも故人になっており、主役は岡田茉莉子さんが演じていた。97年3月、神戸オリエンタル劇場で催された際には、打ち上げに招かれた。懇談の席で、心から祝福させてもらった。この時いただいたパンフレットの中で、新藤さんは次のように述べていた。

最後のカットを撮りおえたとき、乙羽さんはよろめきながらも微笑した。とうとうやりおえた、という充足感であろうか。役者は、仕事がはじまったら、途中でおりることができない。それが役者なのだ。乙羽さんは死の床で何を思ったろう。わたしたちのおくりものをよろこんでくれたであろうか。

各地の講演会で、映画への尽きせぬ思い

新藤監督との関係は講演依頼で断続的に続いた。映画100年を記念した「朝日シネマの旅」(大阪)では『モロッコ』(1930年)の上映と合わせ、映画への尽きせぬ思いを語ってもらった。朝日新聞社と共催して東大寺が毎年開催している記念講演会(東京)にも講師になっていただいた。

ただ一度、岡山と神戸での連続講演会が新藤さんの体調不良でキャンセルになったことがあった。岡山では朝日カルチャーセンター開講10周年記念で『午後の遺言状』の上映と合わせての催しだった。代役に「乙羽信子どろんこ半世紀」を週刊朝日に聞き書きしていた朝日新聞OBの江森陽弘さんにお願いした。500人収容の会場は満席だった。江森さん

出版パーティーで挨拶の新藤さん(2001年)

は、乙羽さんと新藤さんとの不倫、忍ぶ愛から27年を経て結婚するまでの二人三脚の映画人生などを面白く語った。

神戸の方は、やはり朝日新聞OBで、テレビ朝日のニュースステーションでコメンテーターも務めたことがあった和田俊さんに頼み込んで、急場をしのいだ。

こうした講演依頼の窓口になってくれたのが新藤さんと長年苦楽を共にしてきた近代映画協会で宣伝担当の花安静香さんだ。50年史の座談会で「私、（協会に）入ったときに、新藤さんに、君、この世界は泥沼ですけれども、覚悟がありますかって言われた。（観客が入っても入らなくても）一喜一憂しない精神力。次やればいいじゃないかという。そうして離れられずに、未だに泥沼からぬけられない」と。

私の拙著『夢しごと三蔵法師を伝えて』（２０００年、東方出版）に、新藤さんから「これからも生あるかぎり、夢を」との推薦文を寄せていただいた。そして２００１年1月、東京での出版パーティーに花安さんを伴い来席された。立ったまま10分もの祝辞をいただいた。私との仕事を通じた接点を鮮明に記憶されており、驚かされた。いかに人生を誠実に生きてこられたかがうかがえた。

新藤さんの葬儀・告別式は２０１２年6月3日、東京・芝公園の増上寺で執り行われ参列した。隣席

増上寺で営まれたお別れ会（2012年）

に面識のあった山田洋次監督がいらっしゃって、短い会話の中で、新藤監督の映画への情熱と執念を語り合った。そのことが動機となり、「新藤兼人、未完映画の精神」を書いてみたい、との着想が芽生えた。冒頭に記した創作ノート「太陽はのぼるか」を20年の時を経ての全文公開について、ご子息で近代映画協会代表の新藤次郎氏のご理解とご支援を得られることになった。そして一周忌の命日に合わせ、出版することができた。

この本の表紙の新藤監督の顔写真は、最後の作品となった『一枚のハガキ』（2011年）撮影時のスナップだ。新藤次郎さんから提供を受けた。当初、遺影にと準備されたが、厳しい表情のため採用されなかった。99歳にして、映画の夢を追い、「生きているかぎり生きぬきたい」を信条とした新藤監督の「顔」だ。この時、監督は目も不自由で、車椅子でメガホンを取った。覚悟と執念が宿った、まさに生涯映画人の表情が見て取れる。

新藤監督といえば、「百万ドルのえくぼ」と称された乙羽信子さんとは、『愛妻物語』（1951年）で仕事を共にし、『原爆の子』や、遺作となった『午後の遺言状』まで43本も二人三脚を続けた。その乙羽さんとは、離婚した2番目の奥さんが死去して5年後の1978年に入籍している。乙羽さん54歳の時だ。

新藤兼人、未完映画の精神
幻の創作ノート「太陽はのぼるか」
白鳥正夫 著
卑怯だぞといわれることは最大の恥。
息絶えるまで仕事をしていたいのです。
しかし、ついに創られなかった50作目があった。
本邦初公開!
20年経って発見の
映画「太陽はのぼるか」
創作ノート。
三五館

『幻の創作ノート…』表紙の新藤さん。『一枚のハガキ』撮影時のスナップ（近代映画協会提供）

新藤監督の遺骨の一部は、乙羽さんの代表作『裸の島』の撮影地である広島県三原市の宿祢島《すくねじま》に散骨された。そこには、すでに乙羽さんの遺骨の半分が散骨されている。新藤夫妻の残りの遺骨は京都の名刹の庭の一角に眠っている。墓石には、新藤さんが生前認《したた》めた「二人」を合わせた文字「天」と、その横に二人の名前が刻まれている。

乙羽さんを喪った新藤さんは、『いのちのレッスン』（２００７年、青草書房）で「独り残った私は、今、20億円欲しい！」と訴えていた。原爆投下の瞬間にきのこ雲の下で起きた惨状を再現する『ヒロシマ』（仮題）の映画構想を実現したいからだ。「何かを人に伝えたい」。新藤さんと夢見たあの「夢」はなお終わっていなかったのだ。

新藤監督の生地、広島市佐伯区五日市町には生誕地の記念碑が建つ。48作目の『石内尋常高等小学校花は散れども』（２００８年）の撮影後には、新藤監督が碑の前で記念写真に写っている。碑には「生きているかぎり生きぬきたい」との新藤さんの信条の文字も刻まれている。そして、その言葉は私の座右の銘となっている。

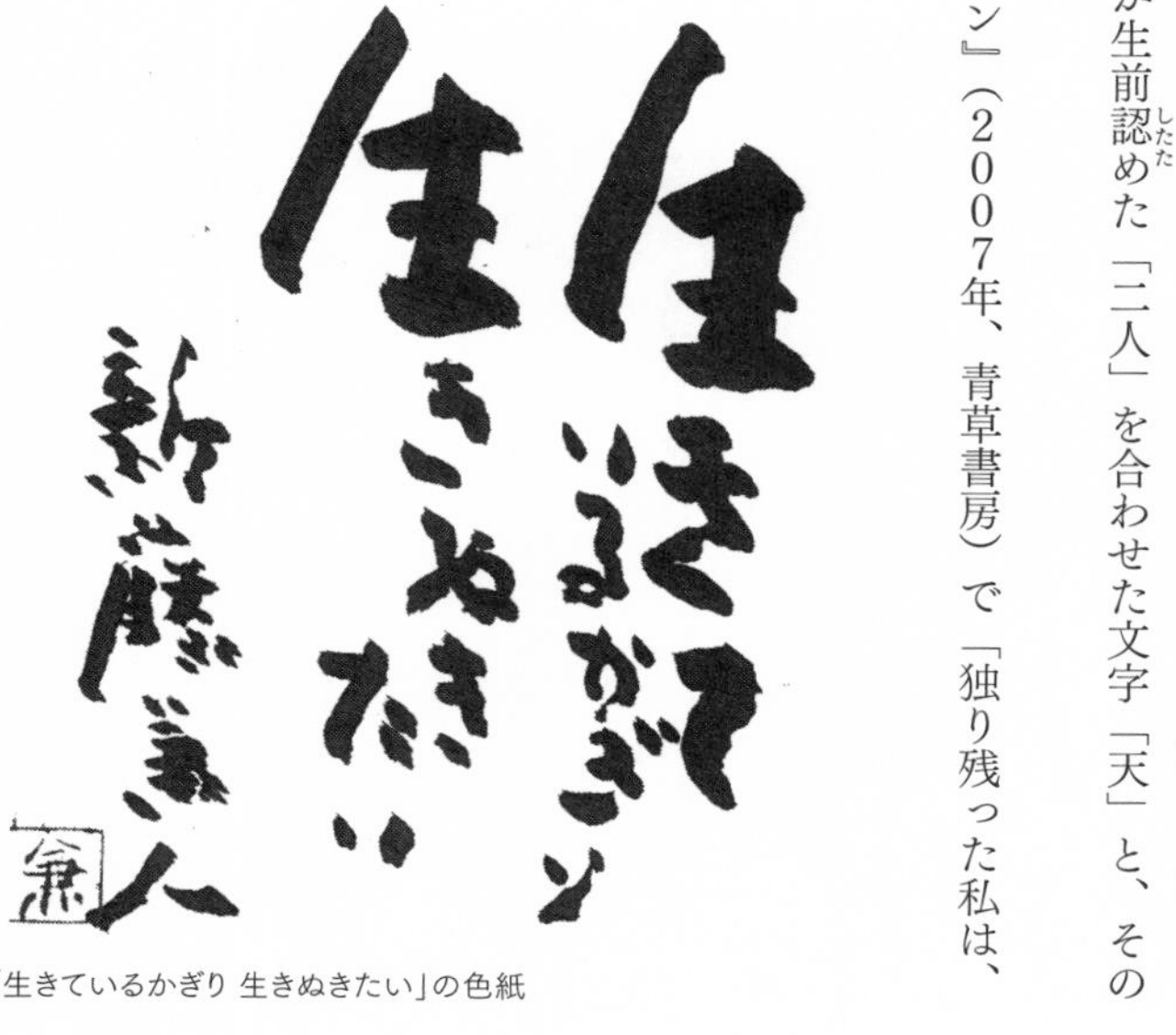

「生きているかぎり 生きぬきたい」の色紙

日本の美術・芸術分野の重鎮、木村重信さん

美とは何か、美術館の役割を追求した識見と足跡

国立国際と兵庫県立の両美術館長を務め、一人で『世界美術史』（１９９７年、朝日新聞社）を著した美術史家の木村重信さんが２０１７年に91歳で逝去された。民族藝術学会名誉会長を務め、日本の美術・芸術分野の重鎮として長らく重責を担われた。朝日新聞社時代に、企画展や特集記事の原稿依頼などで指導していただいた。定年後も文化講座で対談の機会を与えられ、拙著に序文を寄せていただくなど、４半世紀にわたって、公私ともに薫陶を受けた。その思い出とともに、美とは何か、美術館の役割、鑑賞者の心構えなどについて、取材ノートに残る言葉を拾い、あらためて木村さんの識見と足跡を偲ぶ。

60歳代の木村重信さん

著書に見る研究領域の幅広さと奥深さ

私が初めて木村さんとお会いしたのは、大阪・千里万博公園にあった国立国際美術館（２００４年に中之島に移転）の館長として着任された１９９２年の暮れ、「現代美術への視点形象のはざま」展の開

会式であった。

その後、企画展ごとに開かれていた「アーティストの集い」でいつも懇談の機会を得て、時折、アーティストの吉原英雄や元永定正、森口宏一の各氏（いずれも故人）らとともに、二次会で酒席を共にさせていただいた。こうした席の主人公は、アーティストではなく、いつも木村さんだった。酒に強い上、話題が豊富でサービス精神にも富んでいたからだ。

１９８４年に設立の民族藝術学会は木村さんの提唱だった。「芸術は民族や文化の違いに応じて、美の規準や表現が異なることが、美術、音楽、芸能などの諸分野で立証されてきた。そして既成のジャンルを超えた活動が創作、享受、研究のそれぞれにみられるようになった。こうした時代思潮を背景にして、民族芸術学の研究を深めよう」という趣旨だ。学会では、２００３年から「木村重信民族藝術学会賞」を創設した。

木村さんの誘いで、私も２００５年から入会し、総会にも何度か出席した。研究者ではない私に、木村さんから何冊もの著書が贈られてきた。本棚には『美術史家地球を行く』（２００８年、ランダムハウス講談社）や、『世界を巡る美術探検』（２０１２年、思文閣出版）など、地球規模で書かれた体験記録が並ぶ。こうした書籍は私の海外旅行への好奇心につながった。

数ある木村重信著では、冒頭に記した『世界美術史』が出色だ。先史時代から現代まで時間という縦軸と、アフリカやアジア、オセアニア、中・南米に至る空間的横軸とを交差させて相互関連を明らかにした５１９ページ・30センチものスケールの大きい大冊だ。しかも一人の筆者によって書かれたことは特筆に値する。木村さんは、あとがきで「私が最も苦心したのは、単なる作品解説に終わることなく、このイメージの原初性ないし永遠性を浮彫することであった」と記している。その通り、私見や大胆な仮説も提示している。

また『美術の始原』（1971年、新潮社）は、後に『木村重信著作集第一巻』（1999年、思文閣出版）に収められ、読むことが出来た。旧石器時代の洞窟壁画から極北美術やサハラ地域の美術、さらにはアフリカのブッシュマン美術まで言及したフィールドワークの成果だ。研究領域の幅広さと奥深さには驚くばかりであった。

「偲ぶ会」と『パンドラの匣』の思い出

木村重信さんは1925年、京都府城陽市の宇治茶問屋「丸京山城園製茶場」に生まれる。1949年京都大学文学部卒業。京都市立芸術大学教授、大阪大学教授などを務め、1992年国立国際美術館館長に就任。2002年から06年まで兵庫県立美術館館長を務める。勲三等旭日中綬章、大阪府文化賞、京都市文化功労者、兵庫県文化賞などを受賞した。

館長を努めていた国立国際美術館で開かれた300名を超す「木村重信先生を偲ぶ会」

美術・芸術の研究家として、美術館館長として多くの功績を遺された木村さんは2017年1月30日、肺炎で死去した。葬儀は近親者で営まれたが、「木村重信先生を偲ぶ会」が5月29日、国立国際美術館で開催され、300名以上の関係者が出席した。元大阪大学総長の鷲田清一さんや建築家の安藤忠雄さんらが追悼の挨拶をされた。

偲ぶ会では出席者名簿とともに毎日新聞の「プロの本棚」（2014年2月7日）に掲載された記事が配られた。そこには書棚の前で取材を受ける木村さんの姿があった。私もお訪ねしたことがあるが、この書棚は木村さんの書斎の裏にある第二の書庫で、可動式のスチール棚に美術大事典や大型の美術書や展覧会図録などが並ぶ。第一の書庫は、本宅の2階とベランダでつながる隣に建てた別棟にあり、第三の書庫は別のマンションの一室にある。膨大な本の所蔵にただただ驚いた。

数多くの著書も遺されたが、思い出深い一冊の

「偲ぶ会」で配られた毎日新聞記事

本のことを書きとどめておきたい。木村さん編の『木村庄助日誌』で、太宰治『パンドラの匣』の底本（２００５年、編集工房ノア）だ。太宰治『パンドラの匣』の底本となった日誌の書き手・木村庄助は長兄である。小説家を志していた庄助は病苦により22歳で他界するが、太宰に傾倒し文通を続けていた。遺言により療養日記が太宰に贈られた。太宰は『パンドラの匣』の題名で１９４５年10月から１９４６年１月にかけて河北新報に連載し、後に出版した。

　次弟の木村さんは茶問屋を継ぐ予定だったが学者の道を選び、家業は歌人でもある三男の木村草弥さんに引き継がれた。そうした経緯を聞かされていた私に、『木村庄助日誌』が届けられた。木村さんは太宰の妻、津島美知子さんから返却された日誌を編纂し刊行したものだ。庄助による日誌だが、旧字体の上、死語になった言葉や変体仮名も混じり、校正に難儀したという。

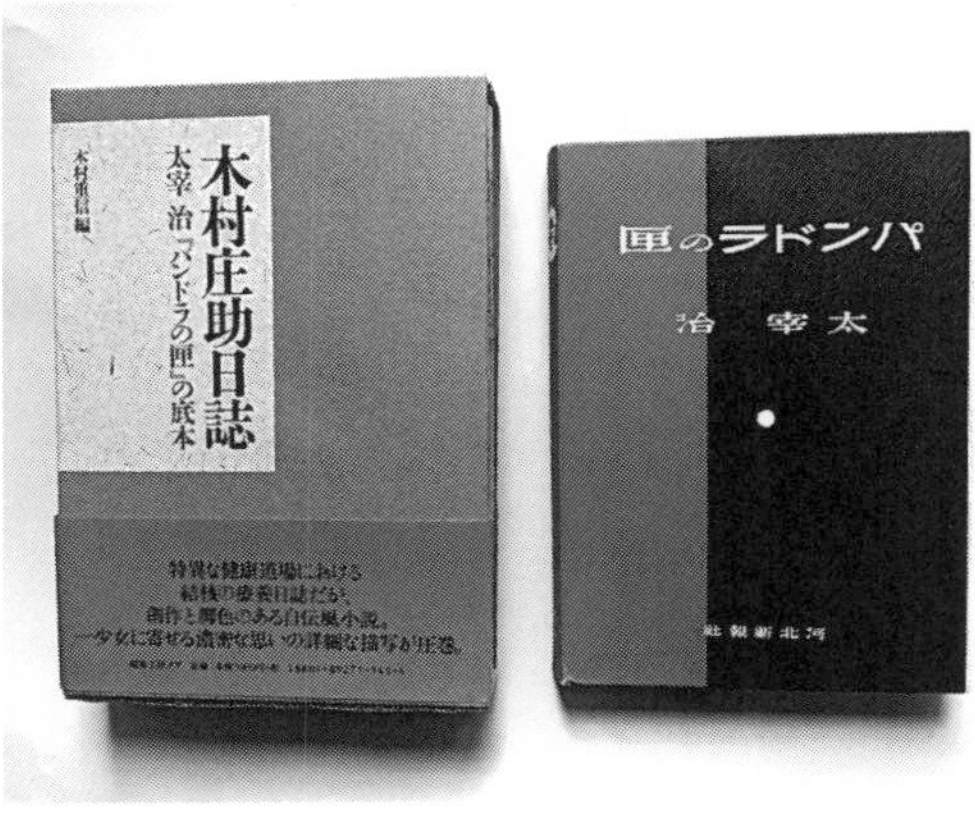

『木村庄助日誌』と太宰治『パンドラの匣』

　さらにこの本が出て数年後の２００９年10月、東大阪観光協会が主宰して太宰治生誕１００年記念「パンドラの匣試写会＆座談会」が石切劔箭《つるぎや》神社で開かれ、パネラーの木村さんから招かれた。映画『パンドラの匣』の冨永昌敬監督も加わった。木村さんにとって、「太宰を思い、太宰に生かされた」兄へのオマージュでもあった。

酒をこよなく愛され、公私にわたる思い出

木村さんとの公私にわたる思い出は尽きない。新装なった兵庫県立美術館開館記念展「美術の力—時代を拓く7作家」は、私の在籍していた朝日新聞との共催だった。震災からの文化復興のシンボルとして建設された「芸術の館」にふさわしく、現代美術の第一線で活動する国内外の作家7名の作品を展示した。なかでも中国の蔡國強の《網》は、ネット社会の人間の在りかたを問う作品だ。何度となく美術館を訪ね、木村館長はじめ学芸員、出品作家と打ち合わせた。

「美術の力」展出品作家の一人でもあった神戸生まれの造形作家河口龍夫の全貌を紹介する展覧会「河口龍夫—見えないものと見えるもの」展が2007年10月に開かれた際は、木村さんは館長を退任していたが、河口さんを囲み夜遅くまで酒席を共にした。

木村さんは兵庫県立美術館館長を退任後、京都に2006年設立された世界で初めての染色アートの専門美術館「染・

兵庫県立美術館開時の木村さん(2002年)

清流館」の初代館長に迎えられた。同館は京都を拠点に活躍する作家100人の作品計約500点を所蔵し、巨匠から新鋭まで様々な染色作家達の作品を収蔵している。

その最初の企画展とレセプションにもお声をかけていただいた。木村館長は「世界に冠たる京都の染色アートを世界に発信したい。ソメを世界語にしたい。さらには若手作家の育成につなげたい」と、意気込んでいた。京阪神の画廊での開会初日でもしばしば顔を合わせ、大いに飲み歓談した。

木村さんは酒をこよなく愛され、そのエピソードも記憶に残る。かつて大阪大学時代の教え子のアーティストの家に誘われた時はワインボトル3本を空けて、かつての教え子を前に、なお明快に芸術論をぶっていた。

豊中市新千里のご自宅にお訪ねした日は、前夜に珍客と徹夜で飲んでいたにもかかわらず、ボトルを卓上に置き、もてなしを受けた。そして帰り際に、中国のアーティストが制作した作品を、お土産として頂戴した。何度も辞退したが、その作品は、木村さんからの形見となって、わが書斎に大切に置かれている。

木村さんとの個人的なお付き合いも続いた。拙著『アー

神戸市出身の造形作家・河口龍夫さんを囲んで（2007年）

トへの招待状』（２００５年、梧桐書院）に続き、『アート鑑賞の玉手箱』（２０１３年、梧桐書院）でも序文を寄せていただいた。

『アートへの招待状』には、「取り扱われる対象は、時間的には古代のエジプトやシルクロードの美術から、現代の平山郁夫や山本容子の絵画にまで及び、空間的には日本をはじめ、東・中央・西アジア、ヨーロッパ、アフリカにひろがる。その広い視野と的確な考察はまさに見事というほかはない」と、評された。

次の『アート鑑賞の玉手箱』では、「すべて著者自身の体験に即していることである。たとえば、内外の諸展覧会に足を運ぶのはもちろん、記者発表会や内見会にも可能な限り出席している。その意味で本書は足で書かれた美術書である。なまのアートに接するという現場主義が、著者の信条であるからだが、それにしてもその旺盛な探究心と逞しい行動力には驚くほかはない」と、こちらも過分な言葉に感謝した。

古巣の企画展で談笑する木村さん（2003年、国立国際美術館）

木村さんは速読・速筆の名手で、こうした序文だけでなく、企画展の特集記事なども依頼して数日後には送られてきた。

文化や芸術について、対談での名言

「アートは鑑賞者の感受性の水準に正確に応じて存在し、鑑賞者の想像力の大小によって、作品の意味は大きくもなり、小さくもなる」

文化や芸術についての識見を著作や講演で発表してきた木村さんの名言の数々が私の取材ノートにも書き留めている。

最後に、大阪・中之島のリーガロイヤルホテルの文化教室で2006年秋、「アートへの招待」をテーマに対談させていただいた際の名言からいくつかを拾い出してみた。（敬称略）

――世界のアートが身近な時代になってきました。内外の美術館に出向くのに際し、また美術館で作品を鑑賞するに当たって、どのように対応すればいいのでしょうか。

木村　フランス国立人類学博物館の入り口に掲げられている銘文に端的に示されています。そこには「それは、通り過ぎるあなた次第ですよ。私が墓場になるか、宝庫になるか、語るか沈黙するか、どちらにするかは、あなた自身が決めることです。友よ欲することなく、ここに入っては

「アートへの招待」の対談で語る木村さん（2006年、大阪のホテル）

いけません」と。

要は鑑賞者の働きかけがなければ、どんな立派な作品であっても、意味を持たないのです。日本では「心ここにあらざれば、視れども見えず聴けども聞こえず」という言葉があります。例えば、生徒たちが修学旅行で、奈良では大仏さんの東大寺へ行きます。京都では三十三間堂の千体仏を見ます。しかし「大きいなぁ、たくさんあるなぁ」という印象しか持たないでしょう。「心ここにありて」見ていないからです。先生がちょっとヒントをだしたら違ってくるのです。大仏さんについては、「顔と体を比較しなさい」といえばいいのです。頭は戦火に焼かれて作り直されていますが、体は部分的に修復されていますが奈良時代のものです。連弁の毛彫りなど非常に優美です。顔は江戸時代のはじめに下手な仏師が作りましたから、扁平で、むしろ醜悪です。そういう風にちょっと意識して見れば、顔と体が全然違うということに気付くはずです。

――美術館の運営には費用がかさみます。財政難の時代、美術館に求められる役割をどのように考えたらいいのでしょうか。

木村　歴史的に言って、戦前の美術館は「参拝の為の」美術館でした。仏様を拝むように、立派な美術品を拝みに行ったわけです。ですから美術館の場所も公園の中とか、郊外の閑静なところに置かれました。戦後は、「奇蹟の」美術館となりました。どういうことかというと、一般に公開できないような非常にエロティックな作品も美術館の中なら展示できる。これも、美術館が社会に対して余り影響力がないからできたのです。ところが、1970年頃にポンピドゥー・センターができてから、人々を楽しませるという性格が強くなってきました。amuseum です。ａは従来の museum を否定する意味をもち、またamuse（楽しませる）という意味をもちます。そのことで美術館が随分変わりました。博物館は博く物を集める館を意味しますが、私は「博情館」を提唱しています。情報を集める、情報を発信する館です。行政は美術館を単なる美の殿堂から多様なニーズに応えるamuseumとしてとらえ、展開すべきでしょう。

——文化・芸術というものが、私たちの生活に必要なのでしょうか。「衣食住足りて」と言う言葉がありますが、人間の暮らしにとって、どのように考えればいいのを伺いたいと思います。

木村　「美術の力」ということですが、本質的には「芸術とは何か」ということですね。とてもひと口ではいえませんが、こんな話をしましょう。もしこの世に芸術がなかったらと想像して下さい。大部分の人たちは衣食住の余裕から芸術が生まれると思われているかも知れませんが、そうではないのです。例えば、アメリカが発見されて、アフリカから大勢の人々が奴隷として運ばれて行きました。1500万から2000万人といわれています。そのほか、アフリカでも大西洋上でも大勢が死んでいます。人間の尊厳は全て剥奪され、残ったのは歌と踊りだけです。それがジャズやサンバやタンゴの原型になった。憤りを歌や踊りで表現したのです。人間から人間らしさを取り上げていくと、最後に残るのは芸術なのです。我々の祖先であるホモ・サピエンスが現れたのと同時に、洞窟壁画などの絵画彫刻が現れた。それ以前のネアンデルタールにはありません。楽器も随分残っています。そういう芸術が根源的に持っている力というものを考えていただきたいのです。

勉強が頭の足しに、スポーツが体の足しになるように、芸術は心の足しになります。

作家から漆職人の道へ回帰、輪島の角偉三郎さん

銘と決別、能登に生き「わが道」を追求

かたちは
民家も町並みも美しいかたちがあります
一椀もそのかたちを示して、その背景をさがせます
どこの地域が見えるか、また列島のむこうへの風景を持つのか
小さな一椀でありながら、その影のかたちは大きい

日本最大の漆産地として知られる石川県・輪島に、「かたち」にこだわる職人、角偉三郎さんがいた。作家から職人の道に回帰し制作を続け「輪島に角あり」と国内外で高い評価を受けてきた角さんは、2005年10月26日に65歳で急逝した。約15年ものお付き合いがあり、企画展の実現は私の宿題であった。死の直前、病床から代表作を集めた作品展に期待し、自ら作品リストを作成していた。2006年8月に大阪・京阪百貨店守口店で、年が明けて5月には金沢名鉄丸越百貨店で開催できたが、「漆人角偉三郎遺作展」となってしまった。

50歳代の角偉三郎さん

漆芸作家の肩書を捨て、職人の道に回帰

角さんは１９４０年、漆の一家に生まれた。父は塗りの下地職人、母は蒔絵職人だった。15歳の時に沈金師・橋本哲四郎さんに師事する。20代の前半から沈金の技法を生かした絵画的なパネル作品を手がける。１９６２年に第１回日本現代工芸美術展で《眼》（石川県輪島漆芸美術館蔵）が初入選、64年には日展でも入選し、早くから頭角を現す。１９７８年に日展で漆パネル《鳥の門》（１９７８年、加賀屋蔵）が特選を受賞するなど17回も入選し、40歳までは日展作家として活躍した。漆パネルの代表作に《海》（１９８２年）や、《巣穴》（１９８３年、石川県輪島漆芸美術館蔵）などがある。

順風満帆の角さんに、宿命的な転機が訪れる。能登半島の柳田村（現能登町）合鹿《ごうろく》で土地に伝わる椀と出合ったからだ。合鹿椀は山村の民が自身で使うために作った一回塗りの素朴なものだった。質素で粗野な椀の味わいに魅せられた角さんは、使われる道具としての「漆の原点」に価値を見出したのだ。

漆パネルの代表作《海》（1982年）

漆という素材を活用した表現世界から、漆という素材が一番生きる生活の中に存在する器への回帰だった。40歳過ぎから日展などへの出品をやめ、漆芸作家の肩書を捨てたのだ。角さんの作品には、銘がない。五つの朱点が配され、それを線で結んでいる。材料があって道具。そして作り手と使い手。最後の一つは自然と調和したいという思い。これが「角偉三郎の五つ星」だ。

さらに「偉三郎」の銘と決別したばかりでなく、箱書きもやめる。角さんは「それまでは平面やパネル、オブジェで表現した優美な世界をめざしていました。しかしそれは絵画や彫刻など、漆を使わずとも表現できるのではないでしょうか。だとしたら漆とはいったい何なんでしょうか」と自問したからだ。美術品を生み出す作家から、生活と密着した職人へ逆流した角さんは、漆芸の姿勢だけではなく、その手法においても独自性を追求した。10回近くも重ね塗りする輪島塗の伝統を否定し、新しい造形世界をめざした。椀や鉢、盆や膳、重箱など日常使われる器を、手で漆を塗る独特の手法で制作したのだ。漆は直接触れるとかぶれる怖れがあるためか、産地ではだれもやらない手塗りに、角さんは平気で挑んだ。手で直接塗ると、大胆で力強い質感が出るのだという。刷毛で塗り込まないため、カンナの跡や木目や布の跡を残す手法にもつながる。絵付けも手のひらや指、つめに漆を混ぜた練り金を付けて描いていく。

その後、漆のルーツを求め訪ねたミャンマーのチャウカ村では、仕上げも手塗りだったそうだ。漆の原点を見る思いだったという。この旅には、漆商で長年の友人でもある大向稔さんも同行した。二人は産地としての輪島塗の将来を案じていた。大向さんは角さんの新境地について次のように分析している。「角さんの目は、自分の育った輪島に足を踏ん張り、漆にたずさわってきた過去、未来の職人の営み、さらには漆を産するアジアに向けられている。産地はいま、不況にあえいでいますが、日本古来の漆文化の灯をともし続けていかねばなりません。角さんの問いかけを産地全体でも問わねばなりません」

また曲がっていて無用とされたへギ板で皿を作り、何枚かを寄せ木してテーブルやオブジェにするなど、新しい試みを続けた。それゆえ職人になっても、「輪島に角あり」と注目され、国内外で高い評価を受けた。1994年にはドイツ・ベルリン国立美術館で、東山魁夷に続き日本人として二番目の個展が開催された。作品はベルリン国立美術館はじめ英国のヴィクトリア・アルバート王立美術館、フランスのパリ民俗学博物館などでも所蔵されている。

死の直前まで情熱を傾けながら遺作展に

角さんとの出会いは、私が朝日新聞金沢支局長に着任した1991年にさかのぼる。角さんの家は塗師の町といわれる路地裏にあった。初めてお会いした時、セーターの上に半てん姿で、時折柔らかな笑顔をみせる角さんに親しみを感じた。漆のことを一から聞く私にも丁寧な受け答えだった。

輪島塗の作業は多くの分業によって成り立っていた。重箱などを作る指物屋がいれば、お椀の木地を作る挽物屋、盆などを作る曲物屋、さらに沈金や蒔絵をする職人もいる。角さんは「私は何人もの職人さんと一緒に漆を制作しています。輪島の地そのものが私にはひとつの工房といってもいいかもしれません」と語った。

「ジャパン」と呼ばれていた漆器は、日本を代表する伝統産業。その代表的な産地に輪島がある。しかし、その原料は中国から入り、年間200万個以上の漆椀が中国から輸入され、産地は不況にあえいでいた。能登半島の厳しい風土の中で、ひたすら可能性に挑む角さんの話に聞き入った。

金沢を離任後も、懇親が続いた。各地の小さな画廊での個

出会った頃の角偉三郎さん

展の案内も送られてきた。１９９５年秋、大阪・難波の高島屋で大がかりな作品展が開かれた。販売するための展覧会だったが、６００平方もの広さに様々な椀を中心にした作品が並んだ。「死ぬまでに10万個の椀を作りたい」との心意気が伝わる迫力があった。冒頭の文章は、角さんが２００３年に名古屋で開いた「角偉三郎展」に寄せたものだ。

２０００年春、私は備前の森陶岳さんの展覧会を全国5会場で巡回し終えた。その図録を角さんに渡すと、なぜか角さんがすでに陶岳さんのアトリエを訪ねていた。話が弾み、私は陶岳さんを、２００1年の初冬、石川県・門前町にあった角さんのアトリエにお連れすることになった。

アトリエは、門前町の山中の通称「まんだら村」にあった。外見こそどこにもある木造の民家風だが、戸を開けると広い土間があった。一階は書斎とリビング、ダイニングなどにあてられていた。ブラジルで買い求めたという大きなタンスや整理棚が据え付けられていた。いずれも日本では規格外の大きさで、その道具に合わせ入れ物の建屋の設計をしたという。ここにも角さんの思想が見てとれた。

仕事場は二階にあった。制作中の椀や盆、器などが所狭し置かれていた。輪島の海に面した所にも

角偉三郎展で、角さんの右が森陶岳さん

アトリエがあり、海の方で下地を作って、山で仕上げをするという。作業場は広く、ミュンヘンで買ったアフリカの壷や器が数多く置かれていた。

角さんと陶岳さんの二人は、夜の更けるまで芸術談義を重ねた。その傍らで私は美味しい酒以上に、二人の言葉に酔った。漆芸と陶芸、芸域は違うが、原点を求め続ける「本物志向」の二人の作家の生きざまに共鳴したからだ。私には、角さんの造形へのこだわりと、古備前のあり方を追い求める陶岳さんの執念が響き合った。私はいつの日か、角さんの展覧会をと、心に期したのだ。

そうした角さんの職人魂を、拙著『夢をつむぐ人々』（２００２年、東方出版）に「職人にこだわる漆の至芸」として取り上げた。２００２年秋には角さんと、やはり拙著で紹介した金沢市在住の女流小説家・三田薫子さんを交え出版記念の集いを開いた。角さんは「私の作品は美術品ではなく工芸品なんです。だから壁やケースに飾ってほしくない。日常生活の場で使ってほしい。漆の本当の良さは、使ってみて初めてわかるはずです」と、熱っぽく語った。

「まんだら村」にあったアトリエの民家

お互いの作品で飲む角さんと森陶岳さん

朝日新聞社では、売るために作品を作る職人・角さんの個展は出来なかった。定年後の2005年7月、フリーとなった私は、角さんの展覧会計画を立て、いつもの携帯に連絡したがつながらなかった。病に伏していたためだ。ともかく見舞いに駆けつけたところ、長時間の話も叶わず、展覧会の話どころではなかった。帰路、門前に立ち寄り、角さんの永年の友人で、そば屋を営む星野正光さんを訪ねた。角さんのことに話題が及ぶと「ぜひ展覧会を実現してほしい、イッちゃん（偉三郎の愛称）の回復にはそれが一番や」と懇請された。私は意を固め自宅に電話を入れた。「そうかやってくれるか。ありがとう」。その声は別人のような張りのある声だった。その後も病床から電話をいただき、「今度は作家時代のパネルも出そう」「ヘギ板のでかいのも出したい」と伝えてきたのだ。

ところが再びアトリエに戻ることもなく不帰の人となった。喪明け後、輪島を訪ねた私は奥さんの捷《かつ》子《こ》さんと、角さんの仕事を継ぐ長男の有伊《ゆい》さんと話し合った。「遺作展ができれば何よりの供養になります」との遺族の言葉に励まされた。展覧会実施に向け実行委員会を立ち上げた。関係者の幅広い協力が得られることになった。

出版記念の集いで角さん夫妻（2003年）

初期の作家時代のパネルから椀、書も展示

展覧会は遺作展となったため、角さんの仕事を幅広く調査する必要があった。とても私だけでは手に負えない。そんな時、強力な助っ人が現れた。元石川県立美術館で工芸担当の学芸員だった寺尾健一さんだ。もちろん生前の角さんとも交流があり、その作品を高く評価していた。

何度か会合を重ね、輪島のアトリエで作品調査をした。遺族からデザインやメモなど多くの資料を見せていただき、その苦悩の足跡をなぞることができた。そして何よりの収穫は作家時代の漆パネルの作品が十数点も遺されていたことだ。ほとんど本人も忘れられかけていた作品もあり、《海》など6点を特別に出展することができた。

展覧会には、独特の素手で文様を付けた盆をはじめ、漆を手でつかみたたいて幽玄の味わいを醸す皿や桶、さらに合鹿椀はじめ椀、銚子、膳、櫃など際限なく「かたち」にこだわった80点余が出品された。また独自のヘギ板で制作した屏風や盤も出されたが、特別注文で3つしか制作しなかった朱塗ヘギ板盤も大阪の割烹から借り受け展示した。

金沢では会場が大阪の2倍の広さになった。このため石川県立美術館や石川県輪島漆芸美術館、さらには角偉三郎美術館・加賀屋などからも借用し120点余で構成した。さらに両会場とも、晩年に仕事の合間で手がけた書の作品も額装や軸装、屏風など十数点を紹

角偉三郎遺作展の展示風景

介することができた。

金沢会場の会期中には、寺尾さんが「作品」について、私が「人」についてギャラリートークを実施した。聴講の方と会場を回りながら、私は非凡だった角さんの遺徳をしのび「形を追い求めた角作品を味わってください。私にはモノを作る才能はありませんが、この展覧会を開催できたことは私にとっての作品です」と結んだ。

展覧会は東京などへも巡回し、多くの人に角さんの作品を見ていただきたかった。しかし条件が整わず、金沢会場で終了した。そして２００７年６月、輪島に赴き、角さんの仏壇に「お陰で約束を果たせました」と報告した。

この展覧会に合わせ『漆人角偉三郎の世界』（２００６年、梧桐書院刊）が発行された。私も編集に協力した。陶岳さんも一文を寄せ「能登で会った。能登の風土を感じる家であった。雪のある、美しい、寒い夜であった。その時、角さんの本性を感じた。体がふるえる感動があった」と記されている。私と同行した日のことが蘇った。

もう一つ、書き添えておく。角遺作展の取り組み中にＮＨＫ金沢放送局のディレクターから角さんの業績を伝える番組について相談を受けた。私は資料提供などできるだけ協力をした。その番組は２００７年７月、新日曜美術館で放映された。ゲスト出演したのが常滑の陶芸家、鯉江良二さんだった。20年来の親交があった。鯉江さん曰く「作品そのものが言葉である」。角さんと共通した認識だった。

永遠なる漆への愛を込め晩年は「六つ星」

漆とは何かを問い続けた角さんは、その答えを伝統的な技法や芸術的な奔放さに求めなかった。輪島の風土に育った自分自身の生き方に求めたのだ。それは足元の椀や盆など本来の漆器への回帰だった。「漆という素材が一番生きるのはやはり食器なのだ。美術品でなく日常生活の場で使えて飽きのこないモノを作りたい」との考えに到達したのだった。

角さんの生涯は短かった。しかし遺された作品は、その銘代わり「星」とともに私たちに語りかける。晩年の作品は「六つ星」だ。増えた一つの意味は時空を超えた永遠なる漆への愛を込めた願いだった。角さんにとって仕事への信念であり、祈りともいえる。飾り物としての漆ではなく、「使われてこそ具」との職人の気概が、角さんの真骨頂なのだ。

角さんの書についても触れておきたい。門前の工房は、夜になると漆黒の闇と静寂に包まれる。風の音に響き合うように脳裏をかすめる言葉の数々。そうした心の動きを紙に記すようになった。その言葉は詩となり、やがて書の作品となった。漆作品と同様に、独特の味わい深い字で綴られた作品は、やはり「角流」だ。

忘れることのない角さんの思い出。わが家には、合鹿椀2客と一枚の色紙が遺されている。門前の山中のアトリは、自然の中に溶け込んでいた。木々の眺めがあり、風の音と鳥のさえずりが聞こえた。しかし夜になると、どこからも明かりが見えない。文字通り黒い漆をまぶした漆黒の世界が広がる。そんな時、詩人のような心境になり、角さんは書を始めたという。私が所望した色紙には、こんな文章が角流で書かれていた。

　せまって来る少しためて吹くまるいのだ風ころがってうちの戸をたゝく

あくなき挑戦、備前・陶芸家の森陶岳さん

備前焼の神髄めざし85メートルの巨大登り窯

2006年頃の森陶岳さん

備前の陶芸家、森陶岳さんを知って、4半世紀になる。朝日新聞企画部に在籍していた時代に展覧会を企画して以来だ。その後もお付き合いは続き、火入れや窯出しの際は出向き、岡山だけでなく大阪や東京、奈良や輪島など各地でお会いしている。ただ新型コロナウイルスの感染もあって、ここ数年は電話で近況を聞いていた。しかし陶岳さんの作品は、年に数回訪ねる京都の相国寺承天閣美術館に常設展示されていて鑑賞している。備前特有の色合いの大きな甕の作品を見ていると、寡黙ながら大柄で重厚な陶岳さんの人柄と、85メートルという国内最大級の登り窯での作陶など、あくなき挑戦を続ける志が沸々と思い浮かんでくる。

「古備前を超えて森陶岳展」を巡回開催

備前焼の里は、岡山と兵庫県の赤穂を結ぶＪＲローカル線の伊部《いんべ》を中心に広く散在している。小高い

山裾に数多くの窯元があり、備前焼1000年、煙の絶えない町である。陶岳さんの窯は、岡山牛窓町長浜の寒風《さぶかぜ》丘陵の一角にあった。

私が陶岳さんに初めてお会いしたのは1997年の秋。当時、朝日新聞備前通信局記者から「すごい陶芸家がいる。ぜひ会いに来てほしい」との誘いがあったからだ。牛窓近くの邑久《おく》に、竹久夢二の生家があった。失礼ながら夢二にも関心があったので、寒風訪問となった。

陶岳さんは174センチ、82キロの堂々とした体格の上、見事に頭を丸めた風貌で、ひと目でただならぬものを感じた。案内されたアトリエには、手造りという高さ1メートル以上の大きな甕が十数点も居並び圧倒された。宙を見ながら、土づくりのこと、ロクロを使わない成形のこと、これまでの試行錯誤のことなどをぽつぽつと語る陶岳さんの姿を、今もよく覚えている。

何より驚かされたのは、巨大な登り窯のプロジェクトを聞かされたことだ。すでに上屋が出来ていた。2001年夏から窯づくりに着手し、08年夏には幅6メートル、高さ約3メートル、全長85メートルの「おばけ窯」を完成するという。

陶岳さんの壮大な構想に感動した私は、展覧会の企画を進めた。「古備前を超えて　森陶岳展」を企画し、1999年9月の東京を皮切りに、約7カ月にわたって大阪、京都、広島、奈良で巡回開催した。初期から約40年間の代表作約100点を展示し、5会場合わせて5万人を超す観客を集めた。

展覧会のタイトルは、監修者の乾由明・元金沢美術工芸大学学長（2017年死去）が名付けた。大窯から窯出しされた表情豊かな褐色の肌、激しい玉垂れの力、多彩な玉虫色の窯変など存在感のある作品にふれ「古備前を超えて、まったく新しい美の世界を示している」と感嘆されたからだ。

黄金の桃山陶回帰、大窯での焼成へ自信

陶岳さんは1937年、室町時代から続く備前焼窯元の家に生まれ、小学生の頃から自作を焼いて育った。岡山大学教育学部特設美術科を卒業後、中学の美術教師になるが、「やはり窯を焚いてみたい」との思いが強まり、25歳で作陶生活に入る。

無口でひたむきな人柄で、ストイックな姿勢は地道なやきものづくりに向いていたようだ。川砂をまぜたり、象眼技法を採り入れたりして、独自の造形を生み出す。1963年の第10回日本伝統工芸展で「備前大壷」が初入選し、1969年には日本陶磁協会賞を受賞した。加守田章二、江崎一生さんらとの陶芸三人展など意欲的な作品の発表を続け陶芸界に頭角を現す。

しかし作れば作るほど、陶岳さんは自分の作品に満足できなくなるのだ。「400年も前に作られた古備前の存在感や、秘められたエネルギーをどうすれば現代によみがえらせることができるのか……」。陶岳さんは室町、桃山時代の古備前と比べて、自分の作品が焼き締めの点で見劣りすると悩んだ。「桃山時代に作られ、何百年もたったものが、今もなお感動を与える。その源泉は何なのか」を問い続けることになった。その答えは「昔と同じような土づくり、成形、そして何より大窯で焚くしかない」という結論に達した。かつての備前焼は何人もの陶工が集まり、一つの大窯で作り上げていたのだ。

1980年に兵庫県相生市に築いた全長46メートルの大窯で初の窯たきをした。ここは土づくりから成形方法、窯詰め、窯焚き、焼成時間など一つ一つの工程をテストする実験炉ともいえた。

1985年以降は、備前須恵器の発祥の地、寒風に室町様式で半地下直炎式の全長53メートルの大窯を築き、ほぼ4年おきに焼成を繰り返した。試行錯誤の末、白い土味に黒い焼き上がりになったり、灰

色の網がかかるなどの深みのある絶妙の窯変に「予想を超える色合いだ」と、大窯での焼成に自信を深めた。

備前焼は、古代の須恵器に源流を持ち、中世六古窯の一つで、釉薬《ゆうやく》を使わずに1200度もの高温で焼き締めていく様式を貫いているのが大きな特徴。平安末期から鎌倉初期にかけて、この素朴な味わいが茶人の好むところとなり、発展した。やがて大窯が築かれ数々の名品が生み出され、室町末期から桃山、江戸初期にかけ繁栄した。その後は、昭和初期まで低迷期が続くことになる。

黄金の桃山陶への回帰をめざしたのが金重陶陽さんだ。そして人間国宝となる藤原啓さんとその息子の藤原雄さん、山本陶秀さんらを輩出し、再び隆盛期を迎えた。イサム・ノグチや川喜田半泥子、加藤唐九郎が備前を訪れ作陶し、北大路魯山人をして「備前焼こそ料理を最高に生かすやきもの」といわしめた逸話も伝えられている。

こうした備前焼の神髄を究めたいとの思いから、試行錯誤を繰り返しながら、その手段において、もっとも大胆さと繊細さを持ち合わせたのが陶岳さんだった。だれもが試みなかった大窯による作陶の追求だった。

「寒風新大窯」の火入れ、窯出しも視察

個人窯としては世界でも類を見ない巨大登り窯「寒風新大窯」は、全長85メートル、幅6メートル、高さ3メートルもあり、傾斜14度の半地下構造の直炎式登り窯だ。1970年代から研究を重ねて、ついに前人未到の大窯を完成させた。2005年から弟子たちと大窯時代の共同作業の仕組みを取り入れ、

新窯の性能を確かめる空焚《からだ》きも成功させた。

２０１５年1月4日午前10時から初窯火入れ式の神事が行われた。祝詞《のりと》や玉串の奉てんなどが営まれ、作業の安全と焼成の成功を祈願した。私も大阪から馳せ参じ、約１５０人が見守る中、神職から授けられた火を、陶岳さんが窯の焚き口に積まれた割り木に移すと、赤々とした炎が燃え上がった

焚き口側に「うど」と呼ばれる焼成室から、窯の上部に向かって32の「焼き台」があり、窯の最上部に「けど」と呼ばれる焼成室が設けられていた。すでに空焚きや焼成試験を済ませており、１２００度の高温を確認していた。

「新大窯」には、高さ1・65メートル、胴径1・4メートルもある「五石甕《ごこくかめ》」84個と、四・三・一石の各甕など大小の甕や大壺など約１００個が詰められた。この大甕には、一門がこの日に備えた花器や茶器など数千点が11回に分け窯詰めされていた。

火入れ式後、煙を窯に送り込む「くゆし」も終え、ほぼ約3カ月にわたって、薪約4千トンを焚き続ける。その後、同じく3カ月かけ自然にゆっくりと冷まし、夏ごろから年末にかけて窯出しされた。

構想から4半世紀、陶岳さんは「やっと長年の悲願であった大窯に火入れができました。しかし何が起こるか分からない不安もあります」と話す一方で、「長く人々の心に生き続ける歴史に残るようなやきものが生まれることを念じています」と抱負を語っていた。

「新大窯」の航空写真（牛窓観光協会提供）

最初の窯出しは7月末、一石甕2基が慎重に運び出された。中から2点を「取り出し、灰を取り除き水洗いをして確かめたという。その日の共同インタビューに応じ、「大きな窯で焼いたサンプルが取れ、下地が出来ました。この下地をベースに新たなスタートです。実に画期的な成果を得られました」と声も弾んでいた。

翌月下旬、陶岳さんから「一度、見に来ませんか」との電話連絡を受けた。9月上旬に大阪の知人を伴って訪ねた。それまでに3分の2ほど窯出しを終えていて花入れや壺など5点を見せていただいた。まずはその色合いに驚いた。前の黒褐色とは打って変わった色合いの作品も。オレンジ色もあれば、うろこ雲のような文様の作品もあった。その窯変ぶりは、陶岳さん自身の想像をも超えていた。

その成果は、2016年2月に岡山シティミュージアムで「森陶岳大窯展」が開催し、披露された。展示室は広い空間で、甕や壺、大皿や花入などの作品が居並び壮観だった。「寒風新大窯」から窯出しされた《五石甕》はじめ大小約50点の作品が披露された。この後、翌月には「寒風新大窯初窯記念森陶岳展」が大阪・京阪百貨店でも開かれた。

巨大登り窯では、最高1200度まで上昇させ、107日間炊き続けた。弟子の作品を含め数千点の作品が生まれたが、過去には見られなかった独特の焼け色と窯変が現出した。工業試験場の分析による成分分析では「古備前」と同等の数値を示すなど、大

窯出し作品を手にする森さん（2015年）

きな成果を上げていた。

地元の美術館で集大成の「全貌展」開催

森陶岳さんの陶業を回顧する「森陶岳の全貌展―あくなき挑戦の軌跡―」が、地元の瀬戸内市立美術館で2016年秋に開催された。初期・伊部での作品に始まり、相生大窯での作品、「寒風新大窯」の新作まで127点が前期、後期に分け展示された。

「全貌展」は、初期から現在にいたるまで作陶の軌跡を追い、東京・京都の両国立近代美術館、東広島市立美術館、敦井美術館、ほか個人所蔵作品などから陶岳さんの代表作を集め、ほぼ時系列で展示していた。作陶人生半世紀、「古備前」の力強い味わいに魅せられ、進取の気性と魂を込めた作品群は圧巻だった。

初期の作品では、東京国立近代美術館から《広口砂壷》と《砂壷》(ともに1969年)、京都国立近代美術館からは《彩文土器》(1971年)はじめ、《大壺》(1966年)などが出品された。いずれも備前焼特有の土味から醸しだされる力強さや優しさが表現されている。

《彩文大扁壺》の前でギャラリートーク(2016年)

「新大窯」で焼成した新作も前後期合わせ8点がお目見え。展示室の真ん中に堂々と置かれた《五石甕》(2015年)は高さ145センチ、胴径130センチもあり迫力満点。備前焼最大級の作品だが、灰が火に溶けて雪崩のように流れて玉垂れの模様も見事だ。五石甕は内側に小さな作品を詰め込み、「蓄熱用の器」として84基作られ、いずれも中に20点前後の小品が収められた。

この「全貌展」について、唐澤昌宏・東京国立近代美術館工芸課長（現・国立工芸館館長）は「森陶岳という陶芸家が行ってきたプロジェクトは、まさに確固たる素材とその素材を作品へと変容させる焼成を通して、やきものの本質を見据え、時代に即した新たな存在価値を探求する試みである」と、図録に記している。

「古備前」の先にあるものへ挑戦は続く

「古備前を超えて」展後、陶岳さんは感謝のしるしに、「主催していただいた朝日新聞社へ大甕を贈りたい」との申し出を受けた。この作品は一時期、大阪本社代表室に飾られていた。また私が取り組んでいた「シルクロード三蔵法師の道」プロジェクトで懇意にさせていただいた奈良の薬師寺への作品寄贈の仲立ちもした。

「全貌展」の開幕前日、古備前の復活に取り組む陶芸家の陶岳さんに、瀬戸内市が文

朝日新聞大阪本社代表室で（2000年）

安田暎胤・薬師寺管長に同行（2005年）

化向上に貢献したとして名誉市民の称号を贈った。周辺の3町が合併し瀬戸内市が2004年に発足してから初めての名誉市民の称号が授与されたのだった。市の選考委員会が、巨大窯で大甕などを制作した森陶岳さんを名誉市民に選定し、市議会が全会一致で議決した。

瀬戸内市牛窓町公民館で開かれた名誉市民表彰にも出席した。武久顕也市長が「これまでの森さんの歩みと挑戦は、市民に多くの勇気と希望を与えてくれた」と賛辞を述べた。陶岳さんは授与式後、「土と窯に人間が加わって、見えないものから見えるものを作り出すんだという信念は変わっていません」と、感慨深げに話していた。

これより先、1996年に山陽新聞社賞（文化功労）受賞し、岡山県指定重要無形文化財保持者の認定を受ける。2002年には日本陶磁協会賞金賞を受賞、2005年に文化庁長官表彰、翌年に紫綬褒章を受章している。陶岳さんは「先人たちが積み重ねてきた功績のお陰です。これからも人の心に触れ、生きたやきものづくりを続けたい。そして先人に一歩でも近づきたいものです」と謙虚に話して

瀬戸内市から名誉市民表彰を受ける陶岳さん（2016年）

いた。

宗教学者の山折哲雄先生を２００６年に陶岳さんの窯にお連れしたことは、忘れられない思い出だ。「火入れをすると何日も24時間態勢で監視をしなければなりません。昼夜、3時間ごとの炎の管理です」との陶岳さんの話に、山折先生は「断食、断眠による炎のコントロールは煩悩を断つ修行です。窯焼きは一種の行ですね」との感慨を述べられていた。

この後、陶岳さんから火入れの際に神主を呼んでの神事や、窯の入り口にしめ縄を張っていることなど細かく説明された。山折先生は「火入れにしめ縄をはっているのは神の降臨を前提とする結界ですが、登り窯それ自体が一種の宗教的空間です。修行者が修行を通して仏と一体化するように、窯のなかでの作品も単なる土の塊から窯変の過程を経て芸術作品に変容するのですね」と語られたのは印象的だった。

陶岳さんからいただいた色紙に「一以貫之」という言葉が記されている。かつて古い備前焼に出合った感動から、様々な試みをしてきた自分の道を信じ作陶に取り組むという覚悟の言葉と受け取れる。めざすものは、古備前を超えるどころか、土と炎のなせる陶芸の神秘的な新しい世界を切り拓くことではないか、と思われる。

「寒風新大窯」を完遂した陶岳さんにとって、最終目的を達成した訳ではない。「心が動くやきもの」への永遠の課題に向ってのプロセスにすぎない。「古備前」の先にあるものへの挑戦はなお続く。

山折哲雄さんを囲んで記念写真（2006年）

100歳で逝った版画・彫刻家の浜田知明さん

自らの戦争体験を基に戦争の残酷さを表現

戦後日本を代表する版画・彫刻家の浜田知明さんが2018年7月17日、100歳で亡くなった。自らの戦争体験を基に人間の持つ心の闇や残酷さを銅版画で巧みに表現し、時代を超えて痛烈なメッセージを発する国際的な作家だった。戦後70年の節目の2015年夏、熊本県立美術館で特別展「浜田知明のすべて」が開催された際にお会いしたのが最後となった。この時、97歳の浜田さんは「これまで何をしてきたのか悔いが残ります」と、なお創作への執念を語っていた。「生涯芸術家」のすさまじさに感銘を受けた。

開会式で挨拶する浜田さん（2015年）

野蛮で残酷な軍隊に奪われた青春の記憶

浜田さんは1917年、熊本市郊外の御船町に、教育者の次男として生まれた。東京美術学校（現・東京藝術大学）で油画を専攻し、1939年卒業後すぐ応召され、熊本歩兵連隊に入隊した。翌年中国大陸へ派遣され、43年に除隊されるも、翌年再び入隊し、伊豆七島の新島で軍務についた。20代の大半を軍隊で過ごした。

後に戦争体験を描いた銅版画〈初年兵哀歌〉に結実する体験は筆舌に尽くしがたいものだった。その頃の記憶が生々しい。浜田さんは朝日新聞のインタビュー記事「人生の贈りもの」(2013年12月18日夕刊)で次のように語っている。

最も弱い立場の初年兵に軍隊の矛盾全てがのしかかった。人間ではなく芋虫扱い。「歩哨《ほしょう》」と同じポーズをたどったこともあります。日本軍の残虐な行為の数々を目にして、とにかく生きて戻り、この異常さを伝えたいとの思いが日に日につよくなりました。気力体力がもっとも充実した20代の5年間を、野蛮で残酷な軍隊に奪われた悔しさもありました。

作家としてのデビューは第二次大戦の終戦を待たねばならなかった。戦後、浜田さんは郷里の熊本に帰り、県立熊本商業学校の教員をしながら作品制作を手がける。しかし作家として自立をめざし、1948年に東京へ出て、自由美術家協会に所属して作品発表の機会をうかがう。

最初はモノクロームの銅版画を表現手段に選んだ。版画は版を持つことによる再現性と、版を介することによる間接性が大きな特徴だ。より多くの人に自身の絵に触れてもらいたい、という思いがあったのかもしれない。白と黒で作り出す深い明暗こそ最適だった。

やがて1960年代半ばから、版画の枠を超え立体による具象的に表現する彫刻へと、表現世界を広げていく。手でじかに形づくる生の感覚が面白くなったという。「デッサンのできる人なら、彫刻はできる。立体だからこそ、獲得できた表現方法なのです」と、指摘する。

青春時代を軍隊で生きた体験が、人間の愚かさや弱さ、社会の不条理を直視する画家としての出発点となった。人生観も芸術表現も、戦争体験と切り離せなかった。

海外各地で個展、世界的な芸術家として注目

浜田さんの作品が海外で注目されたのは１９７９年にさかのぼる。オーストリアの首都ウィーンにある版画と素描で世界有数のアルベルチーナ国立美術館で約１００点が展示された。その後、同国のグラーツ州立近代美術館にも巡回した。二つの大戦下、悲劇の歴史を持つだけに、戦争という地獄を直視し、戦争の非人間性を告発し、現代人の不安や苦悩を取り上げた作品に深い共感を得た。

この間、１９８９年にはフランス政府より芸術文化勲章（シュヴァリエ章）を受章している。その後も93年には大英博物館日本館でも個展を開催するなど、世界に目を向けた活動を展開した。

２００７年にはイタリアのウフィッツィ美術館が〈初年兵哀歌〉シリーズなど版画19点を所蔵するのに伴い記念展が開催された。ウフィッツィ美術館は、ボッティチェッリの《ヴィーナスの誕生》やダ・ヴィンチの《受胎告知》の所蔵で知られ、ルネサンス絵画の宝庫とされる美術館だ。もちろん日本人作家として初めて。

制作中のありし日の浜田さん（2010年）

この展覧会に浜田さんは体調が万全でなく出向けなかった。「ダ・ヴィンチやミケランジェロなどの

作品と並べられ、誰が見にきてくれるやら……」と感想を漏らしていた。

これに対し、ウフィッツィ美術館のジョルジオ・マリーニ版画担当学芸員は「ルネサンス期のメディチ家も、当時の現代美術を集めたのです。過去に学ぶとともに新しい刺激にもなる。浜田作品は戦争に関するテーマ性があり、技法は新しいものの、ゴヤなどの伝統的な手法にも近い」と、浜田作品を評価していた。

時は移り2012年11月から翌年2月まで、ニューヨーク近代美術館で「東京1955－1970」展が開催され、岡本太郎ら日本を代表する作家の絵画や彫刻とともに、浜田さんの版画も陳列し、収蔵された。

これより先の1993年8～9月には大英博物館でも「浜田知明展」が開催されている。当時のローレンス・スミス日本美術部長は『浜田知明作品集〈コンプリート1993〉』(求龍堂)に言葉を寄せ、次のように締め括っている。

浜田知明は世界的な芸術家であり、世界的ということでいえば、時の流れが与える洞察力をもって芸術の歴史が書かれるにつれ、さらに世界が彼を重要な存在とすることは疑いがない。

核時代を予見した恐怖の一枚《ボタンB》

私が浜田さんを知ったのは1995年、朝日新聞社で企画を手がけた戦後50年記念企画「ヒロシマ21世紀のメッセージ」展だった。出展した浜田作品は、広島市現代美術館所蔵の《ボタンB》(1988年)。35・5×51・0センチの小さな銅版画だが、「核時代、原爆は都市を破壊し尽くし、人を殺し尽くすそんな恐怖を一枚の絵によって表現されている」。そのメッセージ性が、ヒロシマ展の趣旨にぴったりだった。

作品の構図は、核のボタンに手をかけようとする頭巾を被った男の背中のボタンを押そうとしているへらへらとした真ん中の男。ひときわ大きい硬い表情の男が、前の男の後頭部に付けてあるボタンを押そうとしている。最後にボタンを押す決定を下す大男の頭上にはきのこ雲が描かれていた。それは一人の権力者の意思によって引き起こされる核戦争の脅威を暗示しているかのようだ。

2年後には彫刻でも《ボタンを押す人》を発表している。米ソの冷戦構造は終焉したとはいえ、核をめぐる緊張はウクライナ戦争をはじめとして、現在もなお黒い影を投げかけている。銅版画の《ボタンB》は、核による戦争の構造と恐怖を冷静にとらえており、彫刻の《ボタンを押す人》は、一見ユーモラスな造形ながら国際社会を風刺する効果も高めている。

浜田さんはこの作品について次のようなコメントを寄せていた。

モチーフについては、殊更解説の必要はあるまいと思う。今や人類の存否はこのボタンひとつにかかっていると言っても過言ではない。核の不安の上に辛うじて保たれている平和。現代の危機をどのように表現すればよいのか、長い試行錯誤の末に、私なりにこのような作品に辿り着いた。

1996年には「浜田知明の全容」展に関わり、約200点もの作品を目にすることができた。この

銅版画《ボタン(B)》(1988年)

展覧会は朝日新聞東京企画部が仕立て、東京、富山、下関、伊丹の美術館を巡回した。私は伊丹会場の担当デスクとして参画した。会場に来られた浜田さんと親しく懇談でき、作品について直に解説していただける機会に恵まれた。

代表作の《初年兵哀歌（歩哨）》は暗い塹壕の中、ひとりの歩哨が銃を喉もとにつきつけ、足の指で引き金を引こうとする構図だった。骸骨のような頭をもった歩哨の眼から、一筋の涙が頬を伝ってこぼれ落ちようとしている。過酷な軍隊から逃れるには自ら命を絶つしかない苦悩は、自殺のことを考えて生きていた作家自身の姿でもあった。

「毎日、毎日なぐられた。ほっと自分に返れるのは、狭い便所の中と、夜、一人で歩哨に立っているときぐらい」と、浜田さんは著書に書いているが、戦時中の凄惨で不条理な体験は、創作活動のテーマとなった。

1997年以降、熊本を訪れた際に2度ご自宅を訪ねた。その後、何度も電話や手紙のやり取りをさせていただいた。穏やかな表情で語り、丁寧な字で書かれた手紙をいただいたが、内に秘めた創作への意欲の激しさに感銘を受けた。2016年春の熊本地震では自宅やアトリエも被災し、一時避難をした。電話でのお見舞いに、「制作できないことが何よりつらい」と、話されていた。

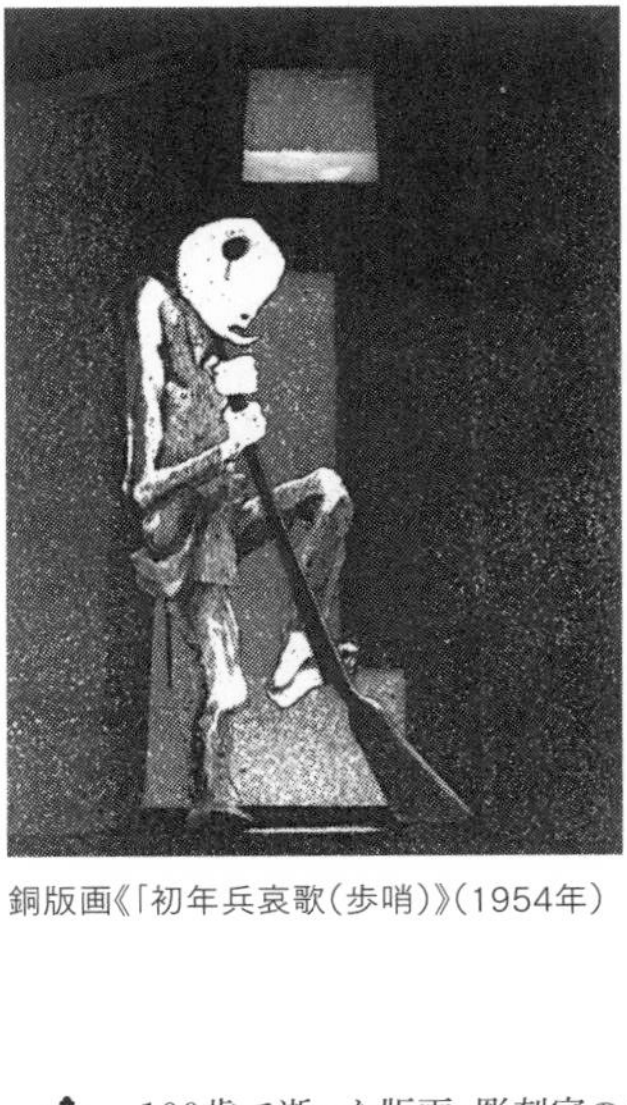

銅版画《「初年兵哀歌（歩哨）」》（1954年）

浜田さんの作品に魅了された私はこれまで各地で開かれた展覧会に足を運ぶようになった。その情報は東京・銀座にあるヒロ画廊の創設者の藤井公博さんからもたらされた。「浜田知明の全容」展の企画で、作品を所蔵し作家との橋渡しなどで多大な協力をしていただいたことで知り合い、上京の旅に立ち寄っていた。

藤井さんは別の画廊で働いていた20歳代半ば、〈初年兵哀歌〉シリーズと出合い衝撃を受けた。「戦争をこのように表現できる作家は初めてです」と、一気にほれこみ、熊本の自宅を訪ねる。画廊での個展だけでなく、作品を預かり欧州各地に飛び、売り込んだ。以来、浜田さんの絶大な信頼を得て、新作が出るたび、お披露目の会場となってきた。さらに内外の美術館からの購入の窓口になった。

現在は、公博さんが相談役となり、息子の万博《かずひろ》さんが受け継いでいるが、万博さんは「大戦の悲惨さを後世に伝えてきた数少ないアーティストであり、時代の生き証人です。しかも芸術作品として優れています」と話す。

公博さんとは熊本にも同行した。浜田さんの訃報もいち早く知らされた。遺族に「熊本県立美術館では元気な先生と親しく懇談でき、限りない制作への情熱を伺っていました。生前のすばらしい業績を偲び、心よりご冥福をお祈りいたします」と、弔電テレックスをお送りした。

没後、公博さんや遺族とも「浜田知明１００歳の回顧展」が各地の美術館を巡回できれば、と話し合ったことがあったが、新型コロナ禍に見舞われ実現しなかった。

このヒロ画廊と、大阪のギャラリー新居などで２００５年に開かれた「浜田知明新作彫刻展２０００－２００４」には、《悩ましい夜》《冷たい関係》《病院の廊下で》《かげ・見えない壁》などの新作を目にし、変わらぬ創作への挑戦を確認することができた。

２０１０年に神奈川県立美術館葉山で開かれた「版画と彫刻による哀しみとユーモア浜田知明の世界展」は画期的だった。《アレレ…》（１９７４年）など版画１７３点、彫刻73点に油彩画やデッサン・スケッチ、資料など総数約３３０点に及んだ。

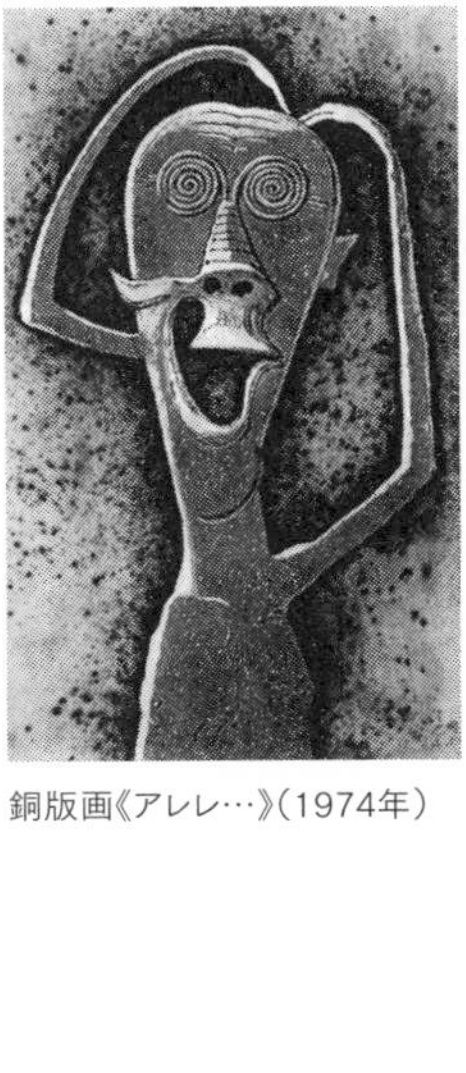
銅版画《アレレ…》（1974年）

展示の最後の章に「初期油彩と最近のデッサン」があり、《自画像》や《寺院》などの油彩とともに、２００８年の作品《夜行軍、雨》と《夜行軍、山を行く砲兵隊》の2点が出品されていた。従軍中に脳裏に焼きついた光景をイメージして描いたデッサンだった。一貫してゆるぎない創作姿勢を物語っていた。

回顧展の会場で、97歳ながら制作へ執念

戦後70年の節目の２０１５年、熊本県立美術館で特別展「浜田知明のすべて」が開催された。銅版画や彫刻をはじめ油彩画、スケッチ、デッサンなど初期から近作まで３６０点もの出品で、文字通り全貌展だった。戦争の愚かさを告発する初期の作品をはじめ代表作とともに、95歳で制作した《杖をつく男》（２０１３年）の自刻像や、「腐っていく兵士」（２０１４年）などの近作の彫刻も出品されていた。《杖をつく男》は、浜田さんが２０１０年に転んで骨折し入院した。やっと杖をついて歩けるようになった自分の姿を見て、自刻像を作ろうと着想したそうだ。「年を取ることを老醜とだけ見るのではな

く、枯れてゆく美しさもあると表現したかった」と述懐する
この展覧会を担当した井上正敏学芸員には、約1年前から開催を聞いていた。開催2カ月前には「休みなしで毎晩10時近くまで美術館で残業です」といったメールで準備の苦労もうかがっていた。また東京の個人所蔵家から油彩の「驢馬」（1944年）の借用が叶い、初めて九州で展示できる喜びなど学芸員冥利に尽きる全貌展になったことの、感慨深いものがあったという。

開会式で、浜田さんは「熊本県立美術館での展覧会は4回目ですが、ちょっと早目の遺作展となってしまいました」と冗談を交え、「97歳の一人の作家として作品数は少なすぎます。これからも作品を作っていきます」と挨拶をされた。

会場で時間をかけて自作に見入っていた浜田さんに感想をお聞きすると、「もっともっとたくさんのいい作品を残しておきたかった。これまで何をしてきたのか悔やまれます」の言葉が返ってきた。まさに「生涯芸術家」の真骨頂といえよう。

驚きが芸術の命であるかのように、すぐれた芸術家は、

自刻像と（2014年、熊本日日新聞社撮影）

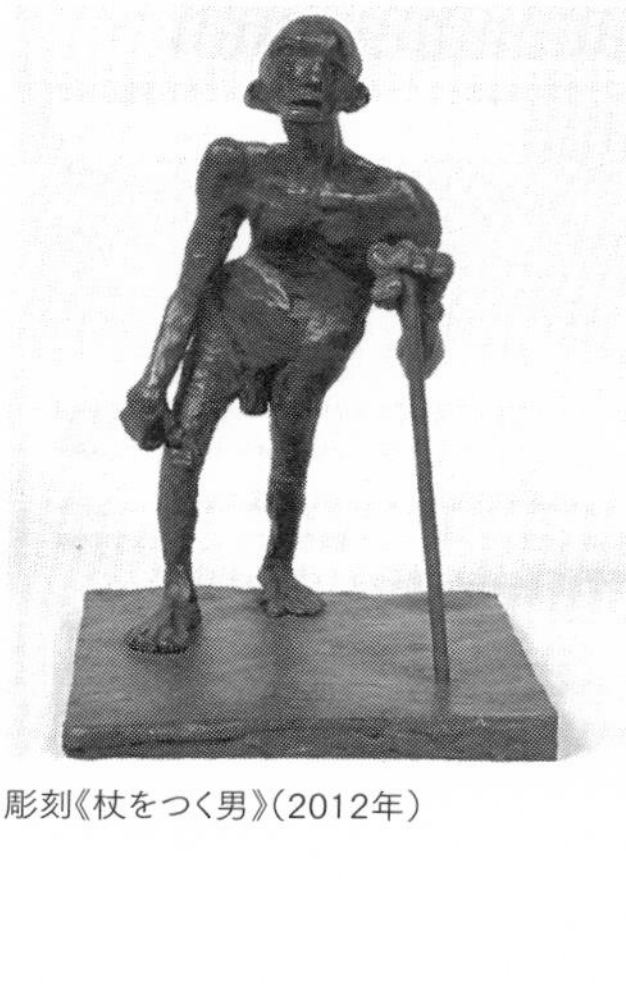
彫刻《杖をつく男》（2012年）

日々起きる事象を肌で感じ、時代の目撃者となり、鑑賞する者へ作者の意図を伝える作品に仕上げる。そしてその時代を鋭く観察し、先見し、人間社会の普遍的なものを見出していくものだ。

浜田さんの作品には、作家の託した思いが伝わる。「戦争とはどのようなものなのか」「戦争とはいかに愚かなことなのか」――。声高に反戦を叫ぶのではなく、浜田さんは、自らの戦争体験を基に戦争への憎悪と平和への願いを版画や彫刻に託した浜田さんは、人間の持つ心の闇や残酷さを銅版画で見事に表現したゴヤのように、時代を超えて痛烈なメッセージを発する作家だ。いま、改めて浜田さんの作品に目を向けると、重い主題を作品に投影しつつも、おぞましく、どこかユーモラスで哀れな姿として描かれた人物たちに、深い共感を覚える

版画と彫刻の作品を通じ、一貫して「戦争」という重いテーマに向き合ってきた浜田さんは、次のように主張している。

人間は社会的な存在だ。だから、私は社会生活の中で生じる喜びや苦悩を造形化することによって、人々と対面したいと思う。そして、抽象では感じは伝えられても、言いたいことは伝わらない。人に訴えるには主題を持ち、具象的に表現するしかない

浜田さんからいただいた２０１５年7月3日付けの私信の文面には、「作っている時丈は生きているということを実感できますので」と記されていた。

アトリエでくつろぐ浜田さん（1999年）

壮大な挑戦、進化し続ける美術家の蔡國強さん

「戦争と破壊」や「平和と再生」などをテーマに芸術表現

私が4半世紀前に出会ったアーティストの一人、蔡國強《さいこっきょう》（ツァイ・グオチャン）さんは、今や現代アートの世界的なトップスターになった。国立新美術館とサンローランは、２０２３年夏に「蔡國強宇宙遊―〈原初火球〉から始まる」を開催。日本では8年ぶりの大規模な個展だった。朝日新聞社時代、広島と神戸で実施された蔡さんのプロジェクトに関わった私は、その後の海外展示を含め着目してきた。壮大な挑戦をし、進化し続ける蔡さんの芸術と人生についてリポートする。

大規模個展での蔡國強さん（2023年）

火薬を爆発させる大規模なパフォーマンス

蔡さんは１９５７年、中国福建省泉州に生まれた。上海戯劇学院で舞台芸術を学んだ後、１９８６年から95年にかけて日本に滞在し、筑波大学の河口龍夫研究室に在籍する。80年代後半から、火薬を使用した作品の制作を始める。この間、福島県いわき市などに滞在し火薬を用いたドローイングや、野外で

火薬を爆発させる大規模なパフォーマンスに取り組む。「戦争と破壊」や「平和と再生」などをテーマに先駆的な作品を発表し続け、とりわけ花火を使う美術家として名を馳せる。

現在はニューヨークを拠点に世界を駆けまわる。1999年の第48回ヴェネチア・ビエンナーレで「国際金獅子賞」を受賞し注目された。日本では、第7回「ヒロシマ賞」（2007年度）、第20回「福岡アジア文化賞受賞」（2009年）、第24回「高松宮殿下記念世界文化賞」（絵画部門）（2012年）を受賞している。

この間、2005年には、ヴェネチア・ビエンナーレ初の中国パビリオンのキュレーターを務めて展覧会企画にも才能を発揮した。2006年のメトロポリタン美術館や、2008年のグッゲンハイム美術館での回顧展などでも個展を開催し、国際的にもっとも影響力の大きい芸術家の一人として活躍中だ。

とりわけ、2001年に中国で開かれたAPEC（アジア太平洋経済協力会議）の記念イベントで大都市化の進む上海を舞台に、23の建物を仕掛け花火で結び、夜空に巨龍を描いた。2008年の北京オリンピックでも、華やかな開閉会の芸術監督を担当し、「巨人の足跡」を演出した。

今回の「蔡國強宇宙遊」展では、宇宙と見えない世界との対話を主軸に、作家として歩み始めた中国時代、アーティストとしての重要な形成期である日本時代、そしてアメリカや世界を舞台に活躍する現在までの創作活動と思考をさかのぼり、宇宙が膨張するかのように拡大してきた、これまでの活動を検証する。

国内の国公立美術館の所蔵作品と、日本初公開のガラスや鏡に焼き付けた新作を含む作家所有の約50件の作品が展示され、知られざる多数の貴重なアーカイブ資料や記録映像、そしてアーティスト自身による一人称の説明が掲示されていた。展示室全体がまるで一つのインスタレーションのような展示を通じて、蔡さんの深遠かつ軽やかな思考と実践の旅路をたどる。

展示の中心となるインスタレーションでは、火薬で描いた7つの屏風ドローイングが爆発的に放射状に広がるように配置され、蔡さんが「外星人のため」と「人類のため」に実現しようとするプロジェクトを表現している。蔡さんは「〈原初火球〉―それは私の思想とビジョンに基づく出発であり、今日まで私に付き添ってきた」とのコメントを寄せている。

広島と神戸の企画展に関わり、京都で再会

私が蔡さんを知った広島でのプロジェクト《地球にもブラックホールがある》に触れておこう。広島市現代美術館と朝日新聞社では1994年に広島で開かれた第12回アジア競技大会の前日、広島市中央公園を会場に、ヘリウムガスで膨らませた風船に導火線をらせん状につるして点火した。ものすごい爆音と閃光と煙を発し、炎は瞬時に土中に吸い込まれていった。近代都市として再生したヒロシマへの祝賀と鎮魂を願った作家の意図は、見る者に衝撃的な印象を与えた。

蔡國強《「原初火球 The Project for Projects」P3 art and environment》での展示風景（1991年）撮影：萩原義弘 提供：蔡スタジオ

当初はアジア競技大会開会式の聖火を、ヘリコプターから導火線を吊るし点火しようとの趣旨で、蔡

さんは「原爆投下の同じ高さから、平和の灯を点したい」との発案だった。しかし安全性の問題以外に、被爆者団体から原爆投下の再現を連想してしまうとの異論もあって、広島での鎮魂は空からよりも地中にあるとの言い分を汲み、最終的には導火線に点火し、地中に掘った穴の中へ消える芸術表現に変更したのだった。こうした経過を通じ、蔡さんの美術家としてのスケールの大きさに感嘆した。

その後２００２年には、新装された兵庫県立美術館で開館記念展「美術の力　時代を拓く七作家」を朝日新聞社が共催することになり、私もスタッフの一人として、箱根の森美術館で開かれた展覧会で滞在中の蔡さんを訪ね打ち合わせるなど開催の2年半前から取り組んだ。蔡さんのプロジェクト《青い龍》は、震災で心に痛みを負った多くの人々に、美術の根源的な力に触れてもらい文化復興をアピールするものだった。ここでは美術館に隣接する水面に99の舟を浮かべた。アルコールの青い炎は天空を清め、横たわる龍は天地を過去から未来へつなぐ意図を示していた。室内展示でも小さな黄金舟99隻を空中に吊るし、未来に向けての船出を表現した。

《地球にもブラックホールがある》(1994年)

「美術の力」展の打合せで箱根へ(2001年)

2008年の「ヒロシマ賞」の受賞記念展にも駆け付けた。この時は二つの美術館外プロジェクトを実施していた。その一つが《無人の自然》と題した作品のための火薬ドローイングで、見事な山水図を描き出した。展覧会開幕直前に広島市立大学の体育館で半日かけ制作。火薬で描いた絵画は、横幅45メートルもの作品で、大きな太陽や険しい山が半円状の壁面に描かれており、まるで水墨画を見るようだった。展覧会場には約60トンの水をたたえた巨大な水盤が作品の前面に設けられ、水面にも山水図が映りこむ幻想的な空間をかもした。「湖のほとり」を散策しているような気分を味わいながら鑑賞できた。

もう一つの《黒い花火》は開会日の午後1時から90秒間、太田川河川敷で黒色花火1200発を次々に打ち上げた。原爆ドーム後方上空に黒煙の固まりが上がり、原爆犠牲者への鎮魂と平和への願いを表現したのだった。

そして2015年、京都で開催された二つの展覧会に、蔡さんの作品が展示された。その一つが京都市美術館の「京都現代芸術祭2015」(パラソフィア)だ。21の国・地域から45人の作家が出品したが、最重要作家が蔡さんだった。

京都市美術館1階の大展示室を専有して、中央に高さ15メートルの巨大な塔を建てた。青竹約300

「青い龍」のパフォーマンス(2002年)

本をくみ上げた塔で、西安にある大雁塔を模していた。周囲には、京都の子どもたちが不用品で組み立てた作品や各種ロボットが動き、《農民ダ・ヴィンチ》と称する世界を創出した。これからの美術は、過去の権威にとらわれず、作る側も見る側も、大衆社会の中で共生していこうとの意図が読み取れた。

京都市美向かいの京都国立近代美術館で開催された「現代美術のハードコアはじつは世界の宝である展ヤゲオ財団コレクションより」にも蔡さんの作品《葉公好龍》（２００３年）と題された、火薬の爆発の痕跡が龍の姿に見える作品が出ていた。その京都で世界連邦運動協会京都支部が主催して蔡國強講演会「異文化に交わる世界の中から」があった。その機会に有志らによる懇親会がもたれ、参加した。「ヒロシマ賞」の時以来、京都での再会となった蔡さんは、これまでのプロジェクトの動画をみせながら、文化論や芸術論を語った。そして懇親会場では、私に同行した仲間らとも気楽に記念撮影に応じた。別れ際、「白鳥さんとはすぐに横浜でお会いしましょう」と、横浜美術館で開催の個展「帰去来」展に誘われたのだ。

20年を経て原点・日本での「帰去来」展

「蔡國強帰去来」展が横浜美術館で２０１５年７月に催され、開会前日に訪れた。残念ながら、蔡さんは、親戚の方のご不幸があり、急遽、故郷の中国・泉州経由でニューヨークへ旅立っていて、会えなかった。京都でお聞きしていたが、まさに会心の展覧会に仕立てられていた。一段と進化した蔡芸術

ヒロシマ賞の受賞を喜ぶ蔡さん
（2008年）

に感服した。

「帰去来」のタイトルは、中国の詩人、陶淵明の代表作「帰去来辞」から引用された。官職を辞して、故郷に帰る決意を表した詩だ。日本で東洋的な美学に触れ、アーティストとして、その後の発展につながった蔡さんが、日本を離れて約20年、もう一度、原点である日本に戻り、日本文化や人間の本質を見つめ直したいとの意図が込められていた。

会場に入ると、グランドギャラリーと称する広大な空間がある。その前面の壁いっぱいに描かれた最大級の火薬ドローイング《夜桜》が飛び込んできた。蔡さんのプロジェクトは事前に展覧会場となる土地の歴史や特性、テーマ性を探る。《夜桜》は日本美術院を創設した横浜が生んだ思想家である岡倉天心ゆかりの地を訪ね、天心門下の横山大観の《夜桜》などに着想を得たという。

「桜の花は儚く、薄くてつややかだ。この繊細な美を、激しい火薬で描けるだろうか。桜の花のいのちは短いからこそ尊い。火薬が爆発する一瞬と、永遠を追い求めること、これらはその運命において通じるものがないだろうか」と蔡さんは考えた。火薬で桜を描くという、とんでもない構想に挑戦したのだった。

蔡國強さんとの記念撮影（2015年6月、京都で）

グランドギャラリーでの火薬爆発は、消防などへの手続きを経て、難題を超えて制作にこぎつけた。

蔡さんが型紙に下絵を描き、ボランティアがカットし、和紙やキャンバスなどの支持体の上にカットした型紙を乗せ、カットされた部分に火薬をまく。支持体のまわりに仕込んだ導火線に火を付けて爆破させ、火薬ドローイングの《夜桜》を完成させた。蔡さんには長年の経験からの完成図が予測されていたと思われるが、この壮大な作品を見上げていると、「アーティストというより魔術師の成せる技だ」との印象だった。

もう一つの火薬絵画作品《人生四季》にも驚いた。日本の春画をモチーフに女の一生が描かれていた。こちらは月岡雪鼎の作品《四季画巻》から着想を得ている。娘から成年へ、そして妊娠して年老いていく女性の姿と、自然の中の四季を絡めての色彩豊かな作品だ。もちろん火薬を使っている。本人の弁によると「これまでの私は、火薬を使って絵を描くことから始め、屋外での爆発プロジェクトにまで発展させることが多かった。だが今回は、昼用花火の効果と材料を、平面上の絵画に凝縮させた」とのことだ。長年、蔡さんの作品を見てきたが、こんな新手に初めて接した。

大作2点のほか、表面に繊細なレリーフが施された磁器作品《春夏秋冬》もあった。故郷の中国・泉州にある窯の白磁で花鳥画を制作した。白磁の4枚のパネルに牡丹・蓮・菊・梅を中心とした四季の情景を造形した。

時代を問い、異文化を考え、「美」を追求

「帰去来」展で、圧倒された作品に99匹の狼が群れをなして疾走する《壁撞き》があった。2006年にベルリンで発表され、日本では初公開となった。狼たちはガラスの壁に当たって落下するものの、立

ち上がり群れの後ろについて何度でも壁に向かって挑みかかる。ベルリンの壁を意識した作品で、本来のガラスの壁も同じ高さで作られている。ドイツ再統一の過程で東と西の見えない壁を、広く世界に存在する文化や思想などの目に見えない壁を暗示している。99は中国の道教において、永遠に循環することを象徴する数字で、蔡さんの作品のキーワードになっている。

この作品はポスターやチラシで見る限り絵画的であるが、展示空間にインスタレーションされた迫力満点の立体作品なのだ。発表時から話題になり、早く作品を見てみたいと切望していた。2008年ヒロシマ賞で開催されたイベントで、浅田彰・京都造形大大学院長との対談があり、《壁撞き》について言及していた。

蔡さんは「私が日本から一番影響を受けたのは、素材と形への徹底的なこだわりです。たとえば、オオカミが飛んできて、壁にぶつかって落ちてくる、というような作品を作る時、中国人アーティストはもっと血が出て、激しく恐ろしく表現するでしょうけれど、私はそのオオカミの美しさとかラインの詩的な感じとか、落ちたらまたそっと起きて、また飛んでいくという様子を作る。恐ろしさと美しさの臨界点を見せるのです。作品の裏にある美学なり哲学をもっと見せたい」と、自分の芸

迫力満点の《壁撞き》(2006年)Photo by KAMIYAMA Yosuke

術の本質を語っていた。

99といえば、東日本大震災で被災したいわきに、子供たちへ美しい桜の里山を残そうと、蔡さんが提唱し、桜9万9000本の植樹を目指す「いわき万本桜プロジェクト」が進められている。蔡さんを育てたいわきへの回帰で、すでに「いわき回廊美術館」も開館し、蔡さんといわきの関わりを記録した写真や、地域の小学生たちが描いた桜の絵が常設展示されている。

この一大プロジェクトには、蔡さんと、いわき市民の長い絆で結ばれた物語があった。ノンフィクション作家の川内有緒《ありお》さんが著した『空をゆく巨人』（2018年、集英社）に、詳しく綴られている。その中で、蔡さんは「アートは自由でないといけない。〝正しいこと〟をやろうとしてはいけない。正しいことをやろうとすると、アートは死んでしまいます。ときにパワー、規制、権威、常識、そういったものから自由にならないといけません」と語っている。

現代美術は時代を鋭く捉え、潜在しているものを表現するため、前衛的であり、抽象表現を伴い難解な面がある。しかし蔡さんの芸術世界は具象的で、私たちの既成概念や思考方法を覆すものだ。私たちが日常生活の中で気づかない人間や時代について価値観を問い直し、掘り起こしてくれる。それが美術の持つ「力」と「美」であることを確認できた。

ニューヨークを拠点に世界を駆けまわる蔡さんから「また面白い事をやりましょう」との便りをいただいていたこともあった。進化し続ける蔡さんは、これからも、想像を超える面白い世界をみせてくれることだろう。

沙漠緑化へ一筋の人生、中国に銅像が建つ遠山正瑛さん

信念を貫く学究と実践、マグサイサイ受賞

中国の広大な沙漠を緑化しようと一筋の道を歩まれた遠山正瑛《せいえい》・鳥取大学名誉教授が2004年2月27日に亡くなられた。その遺志は受け継がれ、1991年2月、遠山さんが中心となって設立した日本沙漠緑化実践協会の「緑の協力隊」が、現在も活動を継続中だ。地道な国際貢献が評価され2003年8月、遠山さんは「アジアのノーベル賞」と呼ばれるマグサイサイ賞を受賞された。「我々は沙漠を研究するのではない、沙漠を緑に変える実践をする団体なのである」、「やればできる、やらなければ何もできない」と常に言い続けた遠山さんの偉業を紹介し、その死を悼みたいと思う。

80歳代の遠山正瑛さん

「君、農学を選んだ以上、人生には休みなし」

遠山さんは1906年、山梨県都留郡の富士山のふもと、自然いっぱいの地に生まれた。浄土真宗のお寺の六人兄弟の三男だった。小学2年の時、神奈川県横須賀市の祖父のもとに里子に出される。ここ

もお寺で、厳しくしつけ育てられる。小学校卒業後、実家に戻り実業補習学校農業科に入り、ナスやキュウリの作り方を習う。中学校は親戚から通うが、休みには友人の家でブドウ栽培を手伝う。21歳の1928年、仙台の第二高等学校に進み、寮で暮らす200人のために炊事幹事などをやる。こうして遠山さんは、幼少時から自給自足の基本が備わったのだ。

1931年、京都大学農学部に入学し、運命的ともいえる菊池秋雄教授に指導を仰ぐことになる。「君、農学を選んだ以上、人生には休みはありませんよ。植物は一日も休んでいない。休みが欲しいようなら農学はできません」。これが教授の教えだった。与える温度、土や水の工夫など植物の育て方から、ミカンや二十世紀ナシの植生調査など科学的実践を学んだ。

大学に助手として残り、和歌山県にあった亜熱帯植物園へ。そこで外務省文化事業部派遣の留学生として中国へ。中国語を勉強する傍ら、黄河流域で農耕調査し、初めて大陸の砂と向き合うことになる。ところが1937年に盧溝橋事件が勃発し、中国軍に監禁されるが、決死の脱出を図り帰国する。

1942年、菊池教授の指示で鳥取高等農林学校の教師に転任する。湖山砂丘でアスパラガスやメロン、球根類の栽培を始めた。さらに浜坂砂丘の元陸軍演習地を借り、ナガイモ、ラッキョウなどの畑作りに着手。49年に鳥取大学が開校し教授になる。その後、浜坂砂丘に砂丘研究試験地ができ、発展的に鳥取大学農学部付属砂丘利用研究施設、略して「砂丘研」が発足する。アメリカの新聞で「砂丘で農業ができたら太陽が西から昇る」と取り上げられたが、東西16キロ、南北2キロの鳥取砂丘の大半は、見事に畑地として生まれ変わったのである。

30年余り在籍した鳥取大学を1972年に定年退官した遠山さんには、やるべき課題があった。かつて砂を握りしめた中国の沙漠開発だ。「沙漠の砂には生産力がある」と確信していたからだ。しかし日中戦争と国交の断絶は沙漠との再会を許さなかった。１９７２年に国交樹立して待つこと7年、79年にやっと時機が到来した。中国西域学術調査団に参加できたのだ。実に42年ぶりの再訪だった。

「中国で沙漠緑化を」との思いは募る一方だった。遠山さんには体験も技術もあったが、肝心の資金がなかった。視察旅行から帰国して5年後、その熱意が通じたのか、１９８４年に第一次中国沙漠開発日本協力隊が結成され、隊長として赴く。この時73歳だった。二度にわたる訪中調査で、騰格里《とんぐり》砂漠とトルファンでの緑化構想を描いた。こうして中国の沙漠の生産緑地化事業が動き始めた。

緑化基地でくつろぐ遠山さん（1991年、以下5枚 日本沙漠緑化実践協会提供）

それから4半世紀以上、現在も日本沙漠緑化実践協会は活動を続け、「緑の協力隊」参加者は２０２1年現在までに1万３０００名、植林本数は４３０万本となり、不毛の沙漠に緑の森林を出現させ、多くの農作物等が生産されるようになった。

鳥取砂丘の保存へ一石投じた言葉

私が遠山さんに出会ったのは1989年10月、朝日新聞鳥取支局長に着任して直後のこと。リュックを背負い登山帽姿の遠山さんは「支局長はいるかな」と訪ねて来た。名刺をみて驚いた。その姿が鳥取大学名誉教授の肩書に似つかわしくなかったからだ。ところが世間話もほどほどに「鳥取のシンボル砂丘は死にかかっている。その原因を人間がつくったのなら、人間が生き返らせなけりゃならん」。歯に衣着せぬ激しい口調で迫られた。

私が初めて鳥取砂丘を訪れたのは大学2年の春だった。友人と競い息せききって砂山を駆け登った。風の強い日だった。無数の足跡の間にうっすらと波打つ風紋が美しい。眼下に目をやると夕陽に映える砂丘の広がり。遠くに目をやると日本海の海原が続く。雄大な自然を強く印象づけられた。

それから二十数年経っていた。遠山さんの言葉に刺激されたこともあって、数日後に砂丘高台の長者ヶ庭に立ってみた。日本海の青さが目にしみたが、陸地側に目を転じた時、保安林や草地の緑が目立ち、砂丘の広漠さが失われていた。学術文化財天然記念物で鳥取の代名詞ともいえる砂丘。その砂丘のイメージが変容してしまっては……との感慨を深めたのだった。

その後も遠山さんは、予告なしに支局にふらっと現れては熱っぽく砂丘保存を訴えた。「砂丘は自然に生まれ、自然に育ってきた。しかし砂防林や砂防ダムが砂や風の動きを止め、呼吸を困難にしている」「補助金目当て役人行政、おんぶにだっこの県民性。保守的なお国柄も考え直さにゃならん。砂丘の自然保護と自然放任とを取り違えている〝寝たきり青年〟はいつになったら目覚めるのか。目覚めさせるのは老人の責務である」。そしてこう断言した。「このままでは砂丘は死ぬ」。

中国の黄河流域の黄土沙漠の緑化に取り組んでいた遠山さんが、あえて砂丘保存を訴える言葉に、私の心は動かされた。それではどうすれば砂丘を再生できるのか――。単に砂防林を伐採したり、草を根こそぎ除去すれば済む問題ではない。支局で論議を重ね、鳥取砂丘を1990年の年間テーマとして取り上げることにした。

連載は観光の現状や砂丘にまつわる事件簿、砂丘を舞台にした文学や絵画、写真、マンガなど表現の世界、開拓者の闘いと夢……と多面的に取り上げた。しかし記者の目を通してとらえてきた砂丘について、県民はどう考えているのかの視点が必要に思えた。

その一環として「鳥取砂丘をめぐる県民意識調査」も実施した。600人を抽出し469人から回答を得た。回収率は83％。その結果、「鳥取砂丘は県民の貴重な財産」が91％、しかしその姿について「昔と変わらない」がわずか2％。砂丘保護について「県や地元の市、村が取り組んでいる」が23％、国は11％に過ぎなかった。県民の間にも、「保存対策が急務だ」の声の高まりを痛感した。

新聞の連載は最後にまとめて読まれることによって、問題提起の全体像が明確になる。連載時から「ぜひまとめて出版したい」と考えていた。その3年後の1993年、地方文化に理解のあった富士書店から『鳥取砂丘』が刊行された。私は金沢支局長に転任していたが、連載を抜粋したものに、当時の支局員の大村康久記者が新たに取材し直した。遠山さんの問題提起によって、私は県民の財産というより、国民的財産ともいえる砂丘の在り方を考える材料を提供できたと確信している。

壮大な夢、万年床の壁に中国全土の地図

私が鳥取支局に着任する4年前、一人の女性が遠山さんと印象的な出会いをしていた。私は金沢支局

離任後に企画部に転任し、三蔵法師の旅したシルクロードのご縁で公私にわたって交際を深める薬師寺の安田暎胤副住職（当時）夫人の安田順恵《じゅんけい》さんだ。順恵さんはシルクロードの歴史や地理に興味を持ち、中国にも何度も旅をし、1985年にホータンの招待所で開かれた民族舞踊の披露の場で、遠山さんと偶然知り合った。その時、遠山さんから「タクラマカン沙漠を100年かけて緑にするんだ」という、とんでもない夢を聞かされた。

順恵さんは帰国後、遠山さんの著述を読み、クズの種子を集め遠山さんに託した。1988年には所属する国際ソロプチミスト奈良―まほろば主催で「シルクロードの過去と未来」と題した講演会を遠山さんに依頼した。さらにソロプチミストの緑化事業に加わり、訪中の度に植樹奉仕を続けることになった。

順恵さんは「遠山さんとの出会いがなかったら、シルクロードの歴史に執着していたに過ぎません。沙漠緑化は地球の未来に希望を託す行為です」。私はまさに夢を紡ぐ話として聞かせていただいた。と同時に、遠山さんとの出会いに感動した順恵さんと共鳴し合える人の絆の不思議さに思いを馳せた。

私は2002年、鳥取に出向く機会があったので遠山さんのご自宅を訪ねた。一年の内、200日以上を中国の沙漠で暮らす遠山さん。90歳の奥さんは老人ホームに居て、一人暮らしで自炊をしていた。私は好物と聞いていた紀州の梅干しを土産に持参した。庭先には各地で集めた石やサボテンの植栽。玄関を入ると本がびっしり。居間の掘りごたつのすぐ側に万年床。壁には大きな中国全土の地図が掲げられている。寝ても覚めても沙漠緑化に想いを馳せ、「砂丘の父」といわれる明治生まれの気骨の老学者の日常に心打たれた。

地道な活動が評価されマグサイサイ賞

臆格里砂漠でのブドウ園造りを着手した遠山さんは黄土沙漠と呼んでいる地帯にクズを植え、黄土が黄河に流出するのを防ぐ事業に取りかかった。過去3000年に約2000回も繰り返している黄河の氾濫防止がねらいだ。課題はクズの種子をどうして集めるかだった。朝日新聞の「私の言い分」に掲載されたこともあって、全国から1トンを超える種子が集められた。

1987年には沙漠開発日本協力隊の派遣は第六次を数えた。ただ持ち込んだ種子に害虫がいたり、実験圃場で育てたクズの苗を移植すると羊や山羊が残らずかじるというトラブルなどもあった。思わぬ羊害事件で牧柵が必要になり、次にポプラ植林計画を始めた。遠山さんはくじけなかった。夢はどこまでも一筋なのだ。緑化体験派遣隊を募った。反響は予想を上回り、学生から主婦、会社員らへ広がった。

2002年秋、遠山さんの緑化活動がNHKの人気番組だった「プロジェクトX」で取り上げられた。そのタイトルは『運命のゴビ砂漠人生を変えた300万本のポプラ』。

果てしなく続く沙漠は、滑らかな曲線に美しい風紋を描く。しかしその一方、灼熱の不毛の地であり、時に凶暴な爪を持つ。砂嵐は家を、人を容赦なく襲う。こんな途方もない世界に300万本も

育ったポプラを見上げる遠山さん（1998年）

のポプラを植えようとした人がいた。

ナレーションが語る。「挑戦したのは95歳の遠山正瑛さん」。「やればできる。やらねばできない」と。広大な沙漠に緑の衣が着せられ森に生まれ変わったのだ。ポプラの木を抱き締める遠山さんは、まさに中島みゆきのテーマ曲にうたわれる『地上の星』だった。

この「緑の協力隊」は11年間の活動で、内蒙古の毛烏素（モウス）沙漠などで335の協力隊の6665人が300本を超える植林を実現した。遠山さんは中国でもっとも尊敬されている日本人の一人として、1995年に内蒙古栄誉称号を贈られ、1999年にはその偉業を顕彰する銅像が内蒙古オルドス市の恩格貝（オンカクバイ）に建立されている。さらに没後、遠山正瑛像と同じ敷地に遠山正瑛記念館も建設された。

「沙漠緑化一筋、百歳超えても」の遠山さんの心意気に打たれ、私は拙著『夢をつむぐ人々』（2002年、東方出版）に「沙漠の緑化へ一筋の人生」として取り上げた。その出版

「プロジェクトX」のスタジオ風景（2002年）

恩格貝での植林作業（2009年）

祝賀会を、かつての任地である鳥取で開いた際には、95歳だったが、元気に出席され、沙漠緑化について熱っぽく語られた。

「マグサイサイ賞に遠山正瑛さん内定」。こんな見出しが2003年7月28日、朝日新聞の片隅に掲載された。それは「アジアのノーベル賞」と呼ばれるフィリピンのラモン・マグサイサイ賞の「平和・国際的相互理解分野」の受賞が内定したことを伝えていた。私にとって、感慨深いニュースだった。この受賞の影の協力者でもあったからだ。

『夢をつむぐ人々』に取り上げた生きざまが、同書に掲載していた平山郁夫画伯の目にとまった。平山さんは2001年にマグサイサイ賞を受けていて、「遠山さんをマグサイサイ賞に推薦したい」との知らせが届いた。平山さんが理事長をしている文化財振興財団の村木茂事務局長からだった。推薦のための資料送付を求められた。推薦書は5枚からなり推薦理由は当然として業績、履歴、著作・出版物など細かいデータを必要としていた。高齢ながら地球規模での活動を実践する遠山さんこそ、この賞を受けるのがふさわしいと思い、私は遠山さんの業績資料集めなど、できる限りのお手伝いをした。

マグサイサイ賞は、不慮の航空機事故で死亡したフィリピン共和国第三代大統領ラモン・マグサイサ

恩格貝に建立された遠山正瑛像(1999年)

イ（１９０７－５７）に敬意を表して創設された。アジアで人々の福祉のために献身的に働く個人や団体に贈られている。２００３年８月31日に開かれた現大統領主賓のセレモニーに、遠山さんは体調が悪く出席できなかった。

遠山さんのマグサイサイ賞の祝賀会が２００３年11月末、大阪府立労働センターで催された。私は順惠さんともども駆け付けた。遠山さんは車イスで姿を見せられた。かつての闘士の面影が薄くなっていた。会場から「また中国へ行きましょう」の激励に、柔らかい笑顔で返しておられた。私にとって、生前の最後の姿となった。

遠山さんの葬儀は鳥取市郊外の葬祭会館でしめやかに営まれた。中国国家専門家局局長ら内外からの供花が並び、３００余人が参列した。出棺前の献花で、安らかに眠る遠山さんにお別れしたが、思わず「もうゆっくり休んで下さい」と声をかけずにおれなかった。戸外では別れを惜しむかのように小雨が降り続いていた。

鳥取での出版記念の集い（2002年）

マグサイサイ賞祝賀会での遠山さん（2003年）

日中相互理解促進へ尽力、実業家から転進の小島康誉さん

新疆ウイグル自治区で遺跡保護研究や人材育成

日本と中国が国交正常化して半世紀が過ぎた。以来、日中関係は経済、文化、人的交流等の幅広い分野で、着実に進歩を遂げているが、尖閣諸島の領有権問題をはじめ、中国と台湾との緊張や新疆《しんきょう》ウイグル自治区の人権問題などの困難な課題もある。その「新疆を第二の古里」とし、改革開放以降の発展を見守ってきたのが、新疆ウイグル自治区政府顧問の肩書を持つ小島康誉《やすたか》さんだ。実業家から僧侶になり、文化遺産保護研究や人材育成事業に力を注ぐ。「一衣帯水」と言われる日中両国にあって、中国の広大な沙漠を緑化しようと一筋の道を歩まれた故遠山正瑛さんに続き、草の根の活動を実践する小島さんの数奇な生き方を取り上げる。

人民網の日本駐在記者の取材に応じ、新疆の文化遺産保護に関する40年の変遷を語る小島康誉さん（2018年6月、人民網HPより）

宝石商を創業し上場、54歳の時に僧侶へ転身

日中国交正常化50周年の２０２２年2月、在日中国大使館の楊宇臨時代理大使は、小島さんと会見し、

「小島先生は長期にわたって日本と新疆の友好交流・協力に尽力され、新疆の経済・社会発展、特に教育・文化事業の進歩を後押しし、日本各界の新疆への理解を深めるのに重要な貢献をされた」と、感謝の意を伝えた。

小島さんは1982年に初めて新疆を訪問し、これまでに150回余り訪れている。長期にわたって、新疆の文化・教育事業に関心と支援を寄せ、キジル千仏洞の修復に貢献するとともに、新疆大学に「小島康誉奨学金」を設立し、寄付金で複数の中日友好希望学校を建設した。さらに、ニヤ遺跡の日中共同学術調査を実践し、多額の資金援助もしてきた。

こうした小島さんの献身的な文化活動によって、新疆ウイグル自治区人民政府の文化顧問となり、中国政府から1995年の中国全国人民代表大会「環境資源保護委員会栄誉賞」をはじめ、中国ウルムチ市の「名誉市民賞」（1997年）、中国人民対外友好協会からの「人民友好使者」（2010年）などを受けている。

また2001年6月に「小島康誉先生新疆来訪20周年記念大会」、2011年にも「小島来訪30周年記念大会」が大々的に開催された。中国ではこうした貢献について「10年は偉大、20年は驚嘆、30年は歴史的」と評価している。

小島さんは1942年、名古屋市に生まれる。名前の康誉は「健康に生き、名誉ある死を」との親の願いが込められたとか。志望校

「小島康誉先生新疆来訪20周年記念大会」で
（楊新才記者撮影）

の名古屋大学に落ちて、自らの意思で職業訓練校に進む。ブロックを扱っていた建材関係の中規模会社に就職するも、仕事よりロッククライミングなどに熱中する。休みには競馬場に通い独立資金稼ぎをした。「いつか何か自分でやりたい」との思いから会社を辞めた。「同じ石でもブロックの原料より単価の高い宝石を」と思い浮かべる。新聞求人欄で見つけた宝石卸商に入り、加工場で指環技術などを習得し、営業や販売も経験する。

そして1966年、24歳の時に「宝石の鶴亀」（後の「ツルカメコーポレーション」、本社・名古屋市）を創業した。「鶴は千年、亀は万年」と長続きを願って命名した。会社はその後合併して現・エステールホールディングス（本社・東京都港区）になっている。たった一人で商売を始めたが、借金を重ねながら店を構える。なんと最初の社員が後の奥さんになる。

宝石だけでなくゴールドやプラチナ時計も販売し、アンティークカーペット、アート事業などへも参入する。業界に先駆けてテレビの通信販売に乗り出すなどの挑戦を続けた。社業は繁栄し、1993年に念願の名古屋証券市場への上場を果たす。創業30年、売上高1658億円（累計）、社員655人・店舗数156店（期末）と社業も発展していたそのタイミングで、後任社長に取引先だった伊藤忠商事の取締役を迎え、退任したのであった。

ツルカメコーポレーションで（1990年頃、小島さん提供）

人生の転機は、いつどこで訪れるか分からない。仏蹟巡拝に、経営者ら数十人と参加した。この旅で、玄奘も参拝した霊鷲山《りょうじゅせん》に登った時に不思議なことを体感する。釈尊の説法を自分も直に聴いたと実感し、涙が止まらなかったそうだ。

この仏縁がきっかけとなり、佛教大学の通信教育課程に42歳で入学した。しかし3回生の頃、疑問が生じた。小島さんが学びたかったのは仏教なのに、大学で教えてもらえるのは仏教学だったからだ。卒論の指導教官であった小野田俊蔵《しゅんぞう》助教授（後に教授）に相談すると、「それでは僧侶になるしかない」との答え。小野田助教授に紹介された師僧は、畏れ多くも今は亡き水谷幸正《こうしょう》学長で、小島さんの願いを快諾された。

さっそく阿弥陀様の軸が掛けられた大学宗教室で剃髪の儀式を受け、得度を終える。卒業後、加行《かぎょう》課程に入り、法衣の着方から木魚のたたき方や経典の唱え方などを合宿で学び、最後には浄土宗総本山知恩院で伝宗伝戒を授かり、晴れて47歳で浄土宗の僧侶になった。

年中無休の仕事だったが、2日、3日と休みを取り、東海道五十三次の約500キロを何回かに分け、念仏行脚した。中山道や日光街道、奥州街道も歩いた。小鳥のさえずりや風の音を友として、阿弥陀仏に導かれたな貴重な体験だった、と振り返る。1998年には交通事故殉難慰霊をと、鹿児島の佐多岬から北海道の宗谷岬まで

日本縦断3200キロ行脚。
宗谷岬にて（1998年、小島さん提供）

日本縦断3200キロを80日間かけ、お経を唱え続けての念仏行脚を達成した。

荒廃のキジル千仏洞修復へ浄財、世界遺産に

中国への国際貢献のきっかけは、宝石の買い付けで1982年に新疆へ出向いたことに始まる。ビジネスにはならなかったが、豊富な文化遺産に惹かれた。86年の渡航時、中国四大石窟の一つ、キジル千仏洞を参観することができた。敦煌、雲崗、龍門と並ぶ四大石窟の中でも、もっとも古いキジル千仏洞は、3~8世紀にかけて約3キロにわたって開削され、寺院や僧坊が造営されている。

川に面した断崖を穿《うが》って掘られた約300の石窟の一部には仏像が祀られ、延べにして1万平方メートルに及ぶ壁画が描かれていた。しかし、大谷探検隊はじめ各国の探検隊が壁画を大量に剥ぎ取って自国に持ち帰り、博物館に陳列した。さらに不心得者の盗掘や長年の風雪で、キジル石窟は荒廃してしまった。

残されているラピスラズリの青で描かれた壁画を見た小島さんは、仏教美術の粋とされる美しさに圧倒された。小島さんは「人類共通の文化遺産だ」と直感し、即座に10万人民元（約450万円）の寄贈を申し出て帰国後すぐ送金した。

小島さんは、しばらくして再び新疆を訪ねる。中国政府が本格的

修復のキジル千仏洞（1988年、小島さん撮影）

な修復に乗り出すと聞き、日本で浄財を募り1億円を寄付しようと申し出る。有言実行が信条の小島さんは「日中友好キジル千仏洞修復保存協力会」を設立し、専務理事を引き受け、募金活動に奔走した。苦労を重ねた末、3000を超す企業や個人の賛同もあって1億円を超す浄財を集め、1988年と89年に分けて贈呈した。

日本からの寄付もあって、キジル千仏洞は壁画の保護や断崖の補強、回廊の整備など修復が進み、現在では日本人ら多くの観光客を集めるようになった。小島さんはその後も研究者や観光団を派遣したり、職員用の大型バスや飲料水浄化装置を寄付したりと、継続して支援している。そして2014年、キジル千仏洞は世界文化遺産に登録された。

日中共同ニヤ遺跡学術調査の日本側隊長に

小島さんは、キジル千仏洞の修復保存活動で何度も新疆に足を運ぶ過程で、新疆文化庁の韓翔《かんしょう》処長から「新疆には3つの重要な遺跡があります。有名な楼蘭は基本調査が終わり、キジルも日本からの援助で修復が進んでいますが、規模の大きい尼雅《ニヤ》の本格調査が行なわれていません」との話を聞き込んだ。

天山山脈と崑崙《こんろん》山脈に挟まれたタクラマカン砂漠南端の奥深くに位置していたニヤ遺跡は沙漠の奥に静かに横たわっていたのだった。1901年になって、後にイギリスの国籍を持つ探検家オーレル・スタイン（1862－1943）によって発見された。遺跡は南北に25キロ、東西に7キロにわたって確認され、高さ6メートルの仏塔をはじめ、民家、水路、畦、墓地などの遺構が残っていた。

一方、西域南道に栄えた楼蘭王国は、1980年にスウェーデンの探検家スウェン・ヘディン（1

865－1952）に発見され、世界中から注目を浴びた。その後に発掘されたミイラは1992年、「楼蘭王国と悠久の美女展」として日本でも公開された。7世紀には玄奘三蔵が帰路に通過したことが『大唐西域記』に記載されている。

ニヤ遺跡はスタインの発見によって、楼蘭をはるかに上回る規模で残存していることが分かり、世界的に注目されたにもかかわらず、本格的な調査は先送りされていた。なにしろタクラマカン砂漠の奥深くにあって、動植物も生存していない不毛の地。まさに神秘のベールに包まれた幻の古代都市であった。

小島さんは1988年10月、新疆文化庁とニヤ遺跡調査を開始した。日中共同の第一次予備調査は、ラクダに乗って3日がかり、紀元前1世紀の仏塔や住居址を見た時には衝撃が走った。通常の遺跡では土中に埋まっているものを発掘するのだが、ニヤでは違っていた。陶器・鉄器・動機・銅銭・木器・宝飾品・文書などの出土品の一部は、地表に露出していたのだ。わずか2日の滞在だったが、遺跡概要を把握できた。帰国後、さっそくニヤ遺跡の研究保護活動に着手する。

1990年と翌91年にも第二、第三次の調査を継続し、92年には中国国家文物局（文化庁相当）の正式許可により、日中双方での総合調査を目的とした協議書のサインにこぎつけた。この年の第四次調査からはこれまでの出土文物の研究も行ない、日本の文部省の科学研究費が付いた。

1993年の第五次から3週間におよぶ大規模な調査となり、サポー

ニヤ遺跡の住居遺構（1993年、小島さん撮影）

ト隊を含めスタッフは60人規模に増え、沙漠用の車も導入した。こうした実績が評価され、94年には中国国家文物局から外国隊第1号の発掘許可を取得した。これに伴い、佛教大学に「ニヤ遺跡学術研究機構」（代表＝水谷幸正学長、小島康誉）を発足させた。

１９９５年10月に行なわれた第七次の調査で、「五星出東方利中国」の八文字が織り込まれた極めて珍しい彩色の錦織の肘当てを発掘した。中国では古くから東の空に同時に五つの惑星が現れることは吉兆だとされている。この年、中国各地で行なわれた発掘調査の十大新発見の一つに数えられた。錦織は２００２年1月に「出国展覧禁止文物」64点の一つに選ばれた。いわば「中国の国宝中の国宝」になったのである。

小島さんは日本側隊長として、新疆ウイグル自治区文物局・新疆文物考古研究所との日中共同調査の先頭に立ってきた。調査には佛教大学のほかにも龍谷大学、京都造形芸術大学、奈良国立文化財研究所、京都大学、国家文物局、北京大学、中国社会科学院などの機関に所属する多数の研究者が加わった。

九次にわたる学術調査で、２５０以上の遺構を見つけ、正確な測量図を作り、数多くの文物を発掘した。現地調査は１９９７年に一区切りをつけ、日本側は調査機器などすべての装備を中国側へ贈呈した。それ以降は文物研究と関連図書出版に力を注ぎ、合計すると１７０４ページに及ぶ詳細な第一次・第二

ラクダに跨る小島さん（1995年、小島さん提供）

次・第三次報告書を出版している。10年間、9回にわたって実施されたニヤ遺跡の考古学調査などに総額で数億円もの巨額を提供したのであった。

ニヤ遺跡にとどまらず、小島さんは1996年には、日本人にとって「幻の王国」とされていた楼蘭遺跡にも足を踏み入れ、仏塔で般若心経を唱えている。さらに2002年10～11月に日中共同ダンダンウイリク遺跡学術調査に乗り出す。こちらでも仏教壁画を発見し、朝日新聞（2002年12月9日付け朝刊）に、「謎の遺跡から仏教壁画　中国・新疆ダンダンウイリク日本の研究者発見」》と大々的に報じられた。

『ありがとう人生燃えつき店じまい』の自叙伝

私が小島さんを知ったのは、1997年8月末、薬師寺の安田暎胤《えいいん》執事長（現長老）、順惠《じゅんけい》さん夫妻に同行し中国を旅した時のことだ。北京空港ですれ違いざまに偶然出会って以来、薬師寺境内で袈裟姿の小島さんと何度も顔を合わせることになった。薬師寺の法要行事などに、なんと三日もかけて名古屋から歩いてくるのだ。

安田さん夫妻を囲む席で親しく懇談したり、著書や遺跡調査の資料を贈っていただいたりした。私は小島さんの生きざまや言動を知るにつれ、驚くことばかりだった。僧侶に転身したが、寺には入らず、社長退任後は三重県東員町の妻の実家に世話になり、義母と三人暮らしをしていた。現在は東京・品川のマンション住まいだ。

2013年春、分厚い書籍小包が届いた。開けてびっくり。558ページもの自叙伝だったからだ。

本のタイトルが『ありがとう人生燃えつき店じまい』（東方出版）。サブタイトルに《「ダイヤモンド的人生」論　笑って働き食べ飲み出し寝た》とあり、オビの文章を見て笑ってしまった。〝塩爺〟こと元財務大臣の故塩川正十郎さんが《小島さんは珍しい人、面白い人、真面目な人、幅広い人、一般の枠に入りきらない奇特な人だ》と評している。

小島さんの活動は中国への文化財保護支援だけではなかった。『ありがとう人生燃えつき店じまい』でも、東日本大震災の被災地支援活動を131ページにわたって伝えていた。小島さんが現地に入れたのは、大震災約2カ月後だった。名古屋から仙台空港へ着陸直前の海岸数キロにわたって壊滅状態を目にした。廃墟となった家々や工場などを巡って回向。翌月からも慰問品をいっぱい持ち込んだ。「みんなで泣こう。みんなで進もう。みんなで笑おう」を合言葉に、東北行脚は震災直後から20回を超える。

近年の日中摩擦を懸念し、小島さんは武力衝突などに発展しないことを念じている。「先の戦争の影を引きずった日中友好乾杯の時代は終わらせるべきだ。両国の国益は違うのだから、それぞれ主張し合って当然。日中友好をベースに第2段階は相互理解の時代へ、第3段階は日中共同事業の時代に入るべきだ」が持論だ。

大きな愛に国境はない。「大愛無疆」こそ、小島精神を支えたモットーであり、真髄と言える。有言実行を貫く小島さんだ。そうそう簡単に「店じまい」とはなりそうにない。

『ありがとう 人生燃えつき店じまい』
（2013年4月、東方出版）

文化財保存に貢献、日本画家の平山郁夫さん

平和を求め、仏の道を描いた平山芸術の足跡を追悼

日本画壇の重鎮であった平山郁夫画伯が２００９年12月2日に逝去された。生前は画家として《仏教伝来》や一連のシルクロードを描いた数々の名画を遺しただけでなく、ユネスコ親善大使、文化財保護・芸術研究助成財団理事長、東京藝術大学学長など、さまざまな立場での業績や、「文化財保存」、「平和」活動でも貢献された。１９９８年に文化勲章、２００１年にフィリピンの6月マグサイサイ賞など国内外から数多くの栄典や表彰を受けている。国境と民族の壁を乗り越えた「共生」へ「美を描き、美を救う」平山芸術の足跡をたどり追悼する。

在りし日の平山郁夫画伯（2000年当時、平山郁夫美術館提供）

各界から2600人余が参列し「お別れ会」

まずは２０１０年2月2日に東京で厳かに営まれた「お別れ会」の様子から記す。財団法人日本美術院と東京藝術大学の主催の「お別れ会」は東京都内のホテルで開かれ、２６００人余が参列し、献花し

た。生前の幅広い活動もあって、美術界だけでなく政財界や各国大使館などからも多くの関係者が詰めかけた。祭壇には遺影の下に、シルクロードを描いた群青の沙漠に月の作品と対照的に明るく輝く太陽を拡大複写した屏風が置かれ、文化勲章や天皇、皇后両陛下からの供花などが飾られたていた。私も偉大だった平山画伯の功績を偲び合掌した。

日本美術院の松尾敏男理事長が弔辞を読み上げ、「若き日の《仏教伝来》に始まるシルクロードの道は先生の生涯を通しての大きな流れとなり、シルクロードという言葉自体も画壇のみならず社会の中で定着し、改めて一般の人々に日本文化の原点やその流れを考えるきっかけを作ったと言えます。絵画が社会に対してこの様に大きな啓発力を持ったというのは嘗てないことでした」と述べた。まさに「シルクロードの画家」としての道を拓き、功績を遺したのだった。

平山さんは１９３０年6月30日、広島県豊田郡（現尾道市）瀬戸田町に生まれる。15歳の時に勤労動員先の広島市で被爆した。１９４７年、東京美術学校（現・東京藝術大学）に入学、前田青邨に師事。１９８９年から６年間

2600人余が参列した「お別れ会」（2010年）

タクラマカン砂漠で写生の平山さん（1981年）

と再び2001年から4年間、東京藝術大学学長に就任する。日本美術院理事長、日本育英会会長、日中友好協会会長、ユネスコ親善大使などを歴任した。

この間、29歳で描いた《仏教伝来》(1959年、佐久市立美術館蔵)により、画家として新たな境地を切り拓く。被爆による白血病に苦しみながら、「心に残る一枚を」ともがいていた平山さんは、ふと小さな新聞記事に目を留める。「東京オリンピックの聖火をギリシャからシルクロード経由でリレーして運んではどうであろう」といった内容だった。

その記事を読んでいた時、インドへ命がけの求法の旅に出た唐僧・玄奘三蔵の姿が、あたかも天の啓示を受けたかのように浮かび上がってきた、という。玄奘が苦難の旅からオアシスにたどり着いた場面の着想につながった。白馬にまたがる玄奘が天竺からの帰途、西域のオアシスに着く姿を祝って、樹木が瑞々しく茂り、足下に草花が咲き乱れ、小鳥がさえずり、犬も駆け回っているという構図で、前を行く僧が指し示す手は、希望と使命感を意味している。

《仏教伝来》(1959年、佐久市立美術館蔵)

自信作で第44回院展に出品したが賞は逃す。ある日、朝日新聞に掲載された展覧会評を読むと、美術評論家の河北倫明氏が「この絵には、群青全体の色調が独特で、朱、金、白の滲むような輝きが含まれ、老成の中の若々しさ、みずみずしい静けさ、爽やかな情熱といったものが印象的である」と評価していた。平山先生は布団の上で跳び上がるほどうれしく、何度も読み返したそうだ。

玄奘三蔵のご縁で多くの薫陶を受ける

私にとって画伯との面識は、朝日新聞社時代の１９９３年にアンコール・ワットの保存救済のシンポジウムでの記念講演にさかのぼる。戦後50年の１９９５年に企画した「ヒロシマ21世紀へのメッセージ展」では、画伯が描いた代表作の《広島生変図》（１９７９年）を所蔵先の広島県立美術館から借用し、感銘を受けた。原爆によって一面火の海に化した広島の街の中に原爆ドームがシルエットのように浮かび、天空には不動明王が描かれた作品だ。被爆者としての画伯の平和への思いが深く伝わってきた。その後、何度も平山郁夫展に関わり、平山芸術に触れながら、人間としての歩みも知ることになる。

しかし薫陶を受けることになるのは、玄奘三蔵のご縁といえる。１９９７年７月、私は初めて鎌倉の平山邸を訪ねた。99年の朝日新聞創刊１２０周年記念プロジェクト「シルクロード三蔵法師の道」の企画推進のための協力要請だった。その頃、平山さんは薬

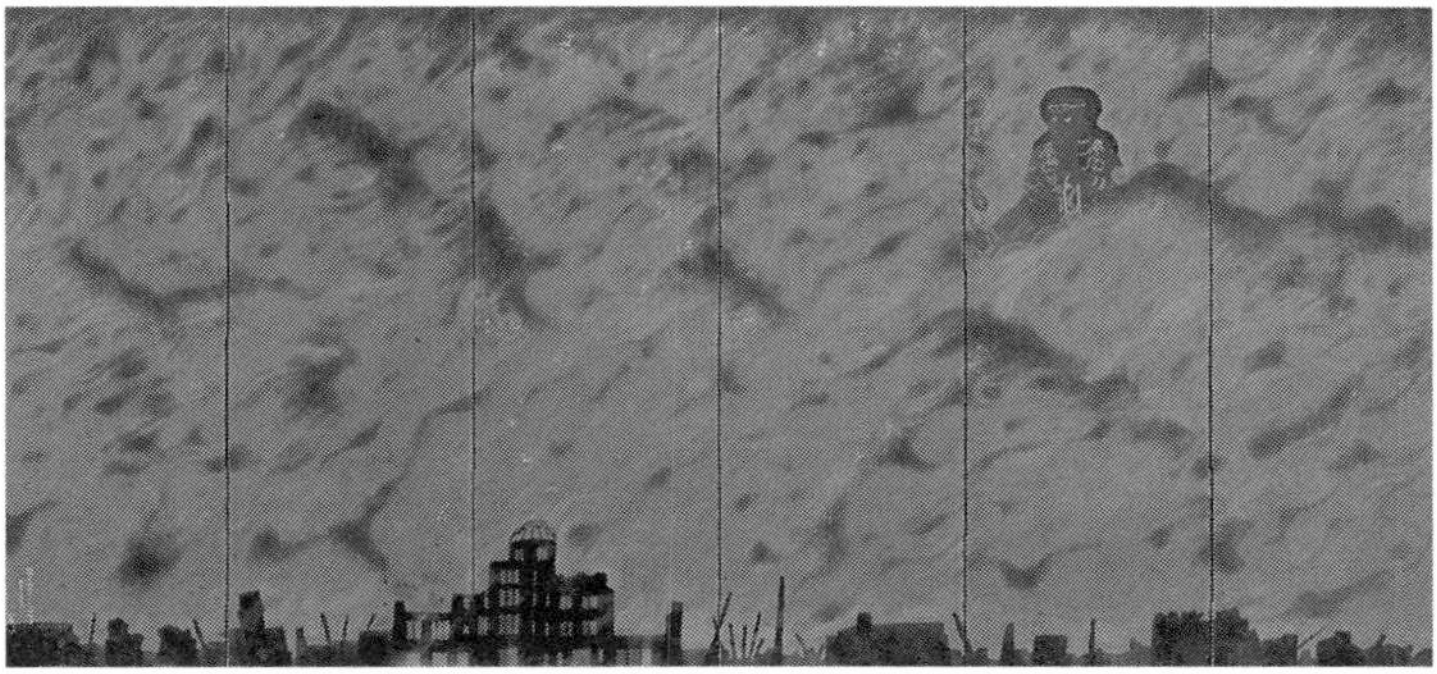

《広島生変図》（1979年、広島県立美術館蔵）

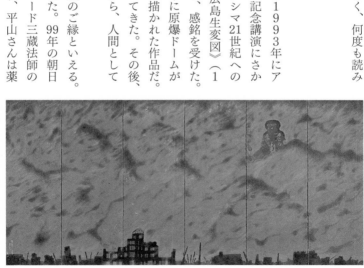

師寺に奉納する玄奘三蔵をテーマにした《大唐西域壁画》（2000年、薬師寺玄奘三蔵院）を制作中であった。

プロジェクトは展覧会、学術調査、シンポジウムの三本柱からなり、総監修やシンポジウムの基調講演などを引き受けていただくことになった。とりわけフランスのギメ国立東洋美術館から10点の借用を要請していたが、新装オープンを控え断りのファクスが届いた。ジャリュージュ館長と友人であった平山さんに窮状を話すと、親書を書いてくださった。それを携え朝日のスタッフがお願いすると、なんと満額回答となった。平山さんの国際的な信頼感に脱帽だった。

個人的にも、最初の拙著『夢しごと三蔵法師を伝えて』（2000年、東方出版）の表紙に本画を使わせていただき、私の郷里、愛媛県の新居浜文化協会55周年には、記念講演会と、私との対談も引き受けてくださった。

亡くなった翌年の2010年夏、平山さんの故郷に1997年に完成した、実弟の平山助成さんが館長を務める公益財団法人平山郁夫美術館から、今後の顕彰活動について、相談を受けた。「できれば具体案を」とのことだった。

私は次世代への継承につながる地道な活動を提案した。平山郁夫美

薬師寺に壁画を奉納した平山さん（2000年）

《大唐西域壁画》（2000年、薬師寺玄奘三蔵院）

術館では、私の提案を受け入れ、企画展コーディネーターを委嘱された。新居浜を皮切りに名古屋、瀬戸内、明石、京都、北九州、南陽、八王子、長崎、熊本、田辺、朝来、大阪、富岡、三重へ全国15都市を巡回した。

名古屋会場では記念シンポジウムが開かれ、和光大学名誉教授でアフガニスタン文化研究所所長の前田耕作さん（2022年死去）が、バーミヤンや敦煌、アンコール遺跡などでスケッチをする平山さんの貴重な写真をスクリーンに映し、「各地を歩かれ、救済すべきものをユネスコや国に訴え、資金の窓口になる文化財保護のための財団を立ち上げ、世界の文化財救済の最初の牽引者であり、大きな力の基礎を創った」と力説した。バーミヤンでの大石仏の爆破に触れ、「原爆ドーム同様、愚かな人間の行為の負の遺産として、復元すべきではないというのが平山先生の主張でした」と言及していた。

また豊田市美術館の吉田俊英館長（当時）は、平山作品の流れをひもときながら、「同じ年に描かれた絵の題材に日本と他国や朝と夜、同じ画面に過去と現在などを対比させています。また東と西、人と人、過去と現在さらには未来まで結びつける作品を見受けます。シルクロードをはじめとして、何かと何かを結びつける道が重要なテーマになっています」と、学芸的な視点で分析した。

平山さんと並び文楽の孫悟空も（1999年）

「文化財赤十字構想」を提唱し実践

日本文化と仏教の源流を探り続けた平山さんは、東西文化の交流の道・シルクロードへと視点を広げる。トルコのカッパドキアから、アフガニスタン、インド、イラン、シリア、チベット、敦煌、楼蘭などへの旅を繰り返し、中でも仏教東漸のシルクロードは、生涯をかけてのテーマであった。

シルクロード行は約150回を数え、現地に息づいている歴史や文化、人の営みに触れる。そこから様々なスケールの大きい作品を着想した。遺跡を単なる風景としてではなく、豊かな文明交流の視点で捉えた。こうしたシルクロードを描いた数々の作品からは、文明への深い洞察力が感じられる。

シルクロードの旅をはじめ、世界の文化財を取材するうちに、自然災害や、内戦、宗教戦争、盗掘などで、多くの人類の優れた文化遺産が失われていく様子を目のあたりにし、文化遺産を風化や紛争から守る「文化財赤十字構想」の提唱にたどりついたのだ。

敦煌の継続的な文化財保護のため1988年に文化財保護振興財団を立ち上げた際、発起人代表の平山さんは、その役割について「文化財赤十字」の構想を表明したのだった。当初、「敦煌財団」ともいわれたが、その後の展開は広く世界に向けられた。

平山さんの着想は、第一回ノーベル平和賞を受賞したスイスの慈善事業家、アンリ・デュナンが創設した「国際赤十字」の精神に依拠している。デュナンは戦場に置き去りにされた傷病者の惨状に、付近の住民を募って、敵・味方の区別なく手当てをして救った。

デュナンの精神にわが意を得た「文化財赤十字構想」によって、人類の「知」の成果ともいうべき文化遺産は人類共通の宝として守っていこうとの考えだ。平山さんは、後世へのメッセージとして「優れた文化財は継承されることによって生き続けます。それは古くなっても美しいのです。その美を、敵味方の区別無く救護する赤十字の心で救済することは、国境や民族、宗教の壁を乗り越えて急務なのです」と、繰り返し強調する。

敦煌への取り組みからスタートした文化財保護活動は、アンコール遺跡群の調査から保存・救済に向けられ、アフガニスタン文化遺産復興ならびにバーミヤン大石仏調査・保護活動、中国と北朝鮮にまたがる高句麗壁画古墳群の世界遺産登録への貢献、イラクの文化財支援事業など、シルクロード各地へと広がった。とりわけバーミヤンの大石仏爆破には衝撃を受け、「負の遺産」としての継承を訴えた。

平山さんのまいた種は、芽を出し、着実に実を結び始めている。東日本大震災による被災文化財の救済事業も根幹を成す精神的支柱が「文化財赤十字構想」である。

文化財保護・芸術研究助成財団は、2011年から「心を救う、文化で救う」の呼びかけのもと、SOC（Save Our Culture）と称する救済活動を打ち出した。国際協力を得ながら官民協働のもと、被災した地域社会の復興に資することを目的としている。5億円を目標に募金し、2012年4月から本格的に事業を実施した。

平山さんが力を注いだ主な事業だけでも、シルクロードを中心とする文化財・文化遺産の保護はもとより、美術工芸品や建造物の保存修復に対する助成をはじめ、伝統技術保持者等の人材養成事業、芸術研究・文化財保存研究の奨励、海外主要美術館が所蔵する日本古美術の修復援助、自然災害や紛争による被災文化財の救出、そして芸術文化振興への支援など、枚挙にいとまがない。

それらの中でも、ユネスコ親善大使として尽力した北朝鮮高句麗古墳群の世界遺産登録をはじめ、アンコール遺跡や敦煌石窟の保護活動、南京城壁の修復事業などに対する助成活動、さらにはアフガニスタンの流出文化材を「文化財難民」と位置づけ、復興後に返還する活動などは、国際間の友好親善と平和運動に多大な貢献をなし、世界的な評価もきわめて高い。

根底に被爆者として平和願う心、次代へ

没後5年の節目の年、広島県立美術館に続いて、長崎県美術館でも7~8月にかけて「平山郁夫展」が催された。広島と長崎は2つの被爆地である。両会場には、被爆者の平山さんが精魂込めて描き上げた《広島生変図》が出品された。原爆当の悲惨さを目の当たりにしていただけに、原爆のことは題材として描けなかったそうだ。平山さんは「自分は生かされている」という言葉を、よく口にしていた。その後の生き方や画業・文化財活動の根底には、亡くなった友の無念の思いや、被爆者として平和を切望する心があった。

平和への願いを込めた印象に残る作品に、《平和の祈り――サラエボ戦跡》(1996年、佐川美術館蔵)がある。平山さんは国連の平和親善大使としてサラエボを訪ね、瓦礫の山と化した町を写生していると、子どもたちが集まってきた。その時の着想で絵筆を執った。決して戦場の光景を描くことがなかった平山さんは廃墟に立つ子供たちを描いている。

「戦争の苦しみから生まれる芸術は、泥沼に咲く蓮の花だ」。被爆者の平山さんはこの言葉を肝に銘じていた。「蓮の花は清純無垢な花の代表だが、その花が育つのは泥沼であり、清流の透き通った水では、美しい花は咲かない」(画文集『サラエボの祈り』1997年、NHK出版より)と記す。

平山さんはサラエボで出会った子どもたちに、泥沼の中で咲く清純無垢な蓮の花の姿を求め、サラエボの戦場となった地獄から、すくすくと新しい芽を出してほしいと、子どもたちの未来を願われたのだった。

「シルクロードを世界遺産に」との提唱も、平和への熱い思いが込められていた。平山さんが資金を出してシルクロードのウズベキスタンの首都タシケントに建設した「文化のキャラバン・サライ（隊商宿）」は、考古学研究、展示施設を中心に、文化芸術に志を持つ全世界の若者が宿泊できる施設で、運営・管理は現地で実施している。私も２００８年に訪れたが、平山精神はしっかり根づき活動中だ。

今後はユネスコやＪＩＣＡ（国際協力機構）などの協力を得ながら、「21世紀のキャラバン・サライ」がシルクロードの沿線に次々と建設されれば、平和と文化の大公道になるであろう。平山さんがひるむことなく貫いてきた平和を希求する精神に、時代は応えていかなければならない。

平山さんは１９９８年から亡くなるまでユネスコ親善大使を務めた。そのユネスコ憲章の前文の冒頭に「人の心の中に平和のとりでを築かなくてはならない」といった有名なくだりがある。「文化を守ることは民族の誇りを守り、人々の心を守ることにつながる」が信念の平山さんは、まさに画業と文化財保護活動を通じて、人々の心に平和の大切さを繰り返し呼びかけてきたのだった。

平山さんは生前、「日本は文化力によって、世界平和に貢献を」と力説していた。人類共通の文化遺産を守る活動による「文化防衛国家」としての方向性に、平山さんの「次世代へのメッセージ」が込められている。

アフガニスタン往還半世紀、保存活動の前田耕作さん

バーミヤン遺跡調査など文化財保存活動を貫く

書斎でくつろぐ前田耕作さん（2008年）

私が少年であったころ、日本は戦争のさなかにあった。戦争というものに終りのあることを初めて知ったのは、１９４５年8月15日であった。それからも世界にはいくたびも戦争が起こった。燃えては消え、消えては燃え、いまなお戦火はおさまっていないのが、わが愛するアフガニスタンである。

この文章は、和光大学名誉教授でアジア文化史家の前田耕作さんが『アフガニスタンを想う』（２０１０年、明石書店）を著した際の「あとがき」に記した抜粋である。アフガニスタンの文化財調査研究など保存活動に取り組んで半世紀、アフガニスタン文化研究の第一人者であった前田さんは、２０２２年10月11日、89歳で死去された。アフガニスタンでは２０２１年8月15日、治安を担ってきたアメリカ軍が撤退を進めるなかでイスラム主義勢力、タリバンが首都カブールに入り権力を掌握した。しかし国内各地ではテロなどが相次いでいて不安定な治安状況が続いている。沈痛な思いで動向を注視していた前田さんにとって、さぞかし心残りであったろう。数多くの業績を偲び追悼する。

名大調査団に参加、未調査の坐仏を見つける

前田さんは、1933年に三重県亀山市に生まれる。1960年に名古屋大学文学部哲学科を卒業後、アジア文化・思想史を専門とするが、シルクロード考古学を岡崎敬さん（1923－1990）に学び、仏教美術の研究を重ねる。1971年以降2003年退職まで、和光大学で教鞭を取る。現在はアフガニスタン文化研究所所長や文化遺産国際協力コンソーシアム委員などを務める。

前田さんが遠く遥かなアフガニスタンを初めて訪れたのは、東京オリンピック開催と東海道新幹線の開通が間近に迫った1964年の7月であった。第一次名古屋大学アフガニスタン学術調査団の一員として、約3カ月間滞在する。バーミヤン地域の仏教遺跡の調査と、玄奘三蔵が口述筆記させた『大唐西域記』の道筋を踏査するのが目的だった。

バーミヤンはヒマラヤとカラコルムに連なる巨大なヒンドゥクシュの山並みのちょうど真ん中あたり、標高2500メートルの高地にある。3世紀末から8世紀にかけてほぼ500年間、パキスタンの西方に花開いた仏教の都城で、シル

爆破前の西大仏（1997年、前田さん提供）

クロードの東西を結び、インドへの中継地として栄えたのであった。

玄奘が天竺への途上、バーミヤン立ち寄ったのは630年頃で、15日間留まっていた。玄奘はこの地で、金色に輝く東西の大石仏を仰ぎ見たのであった。7世紀初期のバーミヤンは仏教文化の最盛期を迎え、まるで一大仏教王国を想像させた。

前田さんは宿の北窓を開けると、朝の光に照り映える大仏の姿が目に映った。「ポプラ並木のつくる緑の帯と朝日に輝く褐色の岩肌、その摩崖に包まれるかのように刻まれた巨像は、まるで夢のような風景でした」と、感動を述懐する。

前田さんは、ひどく破損している窟に入り、壁穴によって連接している窟を次々と調べていた時のことだ。その功あって、ある小さな洞窟の傷んだ東壁のわずかな隙間から、赤い衣を纏った未調査の坐仏が目に飛び込んできたという。この洞窟は名古屋大学のイニシアルのNをとってN洞と名づけられ、帰国後に研究発表をしている。その後も学術調査を続け、アフガニスタン行はライフワークに繋がり、人生にとっても岐路となった。

私が前田さんを知ったのは1998年秋だった。朝日新聞創刊120周年記念事業で玄奘三蔵をテーマに取り組んでいたこともあり、必然的な出会いでもあった。初対面で、重厚な見識の学者であること

前田さんが見つけた壁画（1964年、前田さん提供）

は一目瞭然だった。２０００年10月に、奈良県などが実施した「玄奘三蔵のシルクロードを行く」ツアーで、同行講師の前田さんとインドの旅を18日間も供にしたことで、その豊富な知識や温かい人柄を知ることができた。

こうして始まった親交は、20年以上になるが、私の大阪での出版記念会にも、わざわざ鎌倉から出向いてスピーチしてくださった。２００４年11月の私信に「白鳥さんの旅に、もう一つアフガニスタンを加えてください。玄奘の道、一緒に歩きたく願っています」との過分な文章が綴られてあった。

前田さんは大所高所から著作や言論活動を展開する傍ら、小さな活動にも誠意を持って対処された。私も責任者の一人として立ち上げた文化財保存と共生をめざすミニコミ誌『トンボの眼』の趣旨に賛同いただき、原稿料無しで何度も寄稿していただいた。２００６年の6号に「文化遺産国際コンソーシアムとはなにか」と題し、人類共通の文化遺産を国際的な協力の下に保護することを強調された。２０１０年の第19号では「玄奘三蔵と旅する」との文章を寄稿していただいた。

さらに私が企画展コーディネーター

前田さんとインドに同行（2010年）

筆者の出版記念会で挨拶する前田さん（2000年）

として関わっていた平山郁夫展のシンポジウムや講演会にも講師を引き受けて、平山画伯が提唱されていた文化財赤十字構想の意義などについて、具体的事例を上げ貴重な発言をいただいた。

悲劇の連鎖、大仏破壊後に世界遺産登録

11世紀初頭にこの地を征服したガズナ朝のマフムードによって石窟寺院遺跡が略奪を受ける。偶像崇拝を否定するイスラムの時代、大仏も装飾が剥がされ、顔面部も削られるなど大きな被害を受けた。仏教遺跡はイスラムの進出やモンゴルの来襲など、相次ぐ戦禍によって破壊の危機に直面したものの、バーミヤンの大仏と主要な仏教壁画は、１０００年以上も生き残ってきた。ところが２００１年3月、タリバンはイスラムの偶像崇拝禁止の規定に反しているとして、東西2体の大仏は爆破され、壁画の80パーセントも失われてしまった。

アフガニスタンは１９７８年にクーデターが起き、旧ソ連が軍事介入。89年にソ連軍が撤退するものの、内戦を経てタリバンが支配域を広げ、96年に政権を樹立した。２００１年の米同時多発テロ後、タリバンが国際テロ組織アルカイダのウサーマ・ビン・ラーディン容疑者をかくまったとして米軍などの攻撃を受け、政権を追われた。しかし反政府勢力として政府軍と交戦を続け、今回政権を奪取したのだ。

２００１年以降、アフガニスタンでの内戦が一応の終結をみたことで、遺跡の修復と保全に対して世

記念シンポジウムでの前田さん（2011年）

界的な支援の機運が高まった。そして2003年7月、バーミヤン渓谷の建造物群は、世界遺産に登録された。と同時に危機にさらされている遺産としても登録された。さらに考古遺跡の周辺も含め「文化的景観」として保存されるべきことが、確認された。

前田さんは「バーミヤンは、多大な損傷を蒙ったが、幸いにもこの地を訪れた人びとの手によって、消えることのない映像が残されている。それはイメージの遺産ともいえるものです。失われた大仏、消滅した壁画のすべてがイメージとして保存されています。それらは遺跡の復興に役立つだけでなく、失われた世界遺産を後世に伝える上でも、かけがいのない文化財といえるでしょう」と強調している。

25年ぶり再訪して目にした文化財の惨状

前田さんにとって、待ちに待ったその時が来た。戦争や内乱の苛烈な歳月、現地には足を踏み入れることが出来なかったが、2002年9月、日本・ユネスコ合同調査隊の一員として、25年ぶりにバーミヤンに向かった。タリバン敗走後、初めてユネスコが、現状調査のため遺跡保存の専門家を派遣したのだった。

バーミヤンの惨状について、前田さんは、シルクロードに関する月刊誌『ハルブーザー』に、その心情を綴っている。概観して「この25年間、わが心の奥底に抱き続けてきたバーミヤン谷の美しい風

現地研究者を指導（2004年、前田さん提供）

景が一変していたのは残念でした。まず1500年間、あの緑豊かな大渓谷を見下ろしてきた東西大仏の雄姿が見られません。心の中にぽっかりと大きな穴があいたような感じでした。とくに東大仏の方は、ひどく破壊されています。西大仏の方は、大きな固まりが大仏の足もとに落下しています」と心痛めていた。

国立カブール博物館は、約2000年にもわたって保管されてきた数々の文化財を収蔵し、中央アジアでも屈指の考古資料館であった。それが20世紀のわずかな期間に内乱で破壊され、文化財は略奪で国外へ流出してしまった。

その後2004年秋、博物館の建物外観は修復された。所蔵品の中央アジアのコレクション1万点のうち、2500点が海外から返却され、修復が進められ、その一部が展示されていた。バーミヤンの本格的な保存・修復活動は2003年秋からスタートした。前田さんは2004年春と秋にも現地を訪れ、遺跡保存事業に携わった。

保存修復は、主として東京文化財研究所を中心とする日本隊と、ドイツ・イコモスに所属するミュンヘン・グループとアーヘン工科大学の専門家によって構成されるドイツ隊が、アフガニスタンの考古研究所および歴史記念物保存局のスタッフらと協力して進められた。前田さんは「ユネスコ文化遺産保存日本信託基金」による調査を2009年まで9回も実施した。ところが内戦が再び深刻化した2010年以降、外務省からの渡航自粛通達もあって中断していたが、2012年になってやっと再開されていた。

「歴史と文化が生き残れば、国もまた……」

2004年春、前田さんは一つの行動を起こした。「アフガニスタン文化研究所」を立ち上げたのだ。ソ連軍の侵攻に反対して活動していた「アフガニスタンを愛する会」の有志らが参加し、前田さんが所長になった。

研究所では、『NEWS LETTER』を隔月発行し、アフガニスタンの最新ニュースを4ページ紙面に盛った。前田さんの厚意で毎号手にすることができた。全ページがカラーで、表紙には、バーミヤン渓谷をはじめ美しい自然景観、カブールの街並み、各地に点在する遺跡、さらに子どもたちの表情が紹介され、一度も行ったことの無い私にとって、アフガニスタンがとても身近に感じられた。

2020年5月、第50号をもって閉刊。しかしアフガニスタンの情勢が緊迫する中、2021年4月に復刊した。22年新春号には、「アフガニスタンはどこへゆく」の記事に、「バーミヤン遺跡はまだ復旧作業の途上にある。(中略)世界遺産バーミヤン遺跡にどう立ち向かうのか、タリバンの実存的な問いとなろう」と記している。

前田さんは2009年には、前回取り上げた考古学者で文化人類学者の故加藤九祚《きゅうぞう》さんらと、中央アジアの歴史や文化を研究する「オクサス学会」を創立し、随時セミナーを開き、その成果を紀要で発表している。私も何度か出向いていた。

独立行政法人文化財研究所は2004年12月、東京・有楽町朝日ホールで国際シンポジウム「世界遺産バーミヤン遺跡を守る現場からのメッセージ」を開催した。シンポジウムの中核的な役割を担っていた前田さんから誘いがあり、私も急きょ駆けつけた。

前田さんは、東京文化財研究所の客員研究員として講演し、バーミヤン遺跡とその歴史について、

「保存・修復と埋蔵文化財の発掘調査という併行する二つの作業によって、いま初めて具体的な内容を明らかにしようとしているである。その意味で、私たちの作業は、バーミヤン遺跡の新しい歴史の序章をなすものである」と、熱っぽく語っていた。

それから約20年の歳月が流れ、わが国の古代文化とも深い繋がりのあるバーミヤン遺跡は、日本もユネスコとともに世界遺産の修復・保全に力を注ぎ、ようやく崩壊する危機を脱していた。ところがアフガニスタンの急変で再びタリバンの統治が始まった。今後の文化財保存の行方が見通せなくなっている。

前田さんは、「文明の十字路といわれるアフガニスタンは私たち日本の古代文化につながるシルクロード遺産の宝庫です。かけがえのない人類遺産を何としても守らなければなりません。人類共通の叡智の集積である文化遺産は新たな和平と持続する平和への歩みにかならずや光を投げかけてくるものと願っています」と力説する。

「歴史と文化が生き残れば、国もまた生き残ろう」。戦後、廃墟となったカブール博物館の入口に掲げられていた言葉だ。冒頭に紹介した前田さんの『アフガニスタンを想う』の最終章は次のような文章で結んでいる。

アフガニスタンは終息しない戦火の中で疲れているが、

国立カブール博物館（2003年、前田さん提供）

世界に誇る文化と歴史を作った国であることを忘れてはならない。フランスの神話学者デュメジルは、神話を忘れた民族は死んだに等しいといったが、民族に生気の源である歴史と文化、国の誇りを忘れ去った国は魂を失った人間に等しいといえる。アフガニスタンの「民生」から文化への寄与をぬき去ったとしたら、それは「民死」であって「民生」とはいえない。

前田さんと最後にお会いしたのは、2020年8月30日、奈良県が主催した公開講演会「ユーラシア―文物と信仰の交流」だった。休憩のわずかな時間だったが、お互いの近況や、やはりアフガニスタンの動向などについて言葉を交わした。まさかその時は、1年後にタリバン政権が復活するとは予想も出来なかった。2021年、アフガニスタンの反政府勢力のタリバンが首都カブールを制圧し、20年にわたるアメリカに支援されたアフガニスタン政府の統治に終止符が打たれたのだった。前田さんにとっても衝撃的な出来事だったであろう。

2022年5月に刊行された『前田耕作・暮田愛米寿記念活動記録・著作目録』をあらためてページを繰る。暮田愛さんは伴侶であり同志である。共に2021年米寿を迎えられた。これまでの著作や論文、講演記録や旅の記録などがまとめられているが、いかに多くの仕事を遺されてきたか、驚くばかりだ。

前田さんは巻頭に「過去・現在・そしてその後」と題して、次のような文章を寄せている。

私たちが生きてきたつづら折りの人生の軌跡は、出会った仲間たち、交錯した人びと、共に汗を流し働いた友たち、オクサス学会に集った仲間たち、アフガニスタン文化研究所に集う者たち、と共どもに描いたもので、ひたすら感謝するばかりである。私たちは歩むことを止めない。なお学びたいことが多くある。そしていつまでも、どこまでも皆さんと共に。

65歳を過ぎて発掘、文化人類学者の加藤九祚さん

シベリア抑留を体験、老いて遺跡発掘の生涯

90歳を過ぎても、シルクロードの要衝の地、ウズベキスタンで遺跡の発掘調査を続けていた考古学者で文化人類学者の加藤九祚《きゅうぞう》さんが、発掘のため訪れていた南部・テルメズの病院で２０１６年９月12日に亡くなった。94歳だった。大半の学者は研究室に閉じこもり、文献調査などに明け暮れ学説を発表する。しかし加藤さんのように発掘現場に出向き、命を削るような日々から研鑽を積む学者は極めて特異だ。20年来の厚誼をえた私にとって、忘れえぬ孤高の先達であった。

「ドストリク」（友好）勲章を胸に加藤九祚さん（2008年、奥野浩司さん撮影）

民俗学の研究などからシルクロードの名著

加藤さんは、１９２２年、韓国慶尚北道生まれ。43年に上智大予科仮卒業後、45年から約５年にわたって、陸軍少尉としてシベリア抑留にされる。帰国して53年に上智大学文学部を卒業し、平凡社に入社。75年に国立民族学博物館教授、88年に創価大学教授。89年から中央アジアで仏跡発掘調査を開始し、

退職後も続ける。

専門は北アジア、中央アジア民族史。１９７６年に『天の蛇—ニコライ・ネフスキーの生涯』（河出書房新社）で第三回大佛次郎賞を受賞。99年には第九回南方熊楠賞。さらに２００２年、ウズベキスタン政府から中央アジアの文化を日本に紹介し、交流に尽くしたことから「ドストリク」（友好）勲章を授与される。

著書に『シベリアに憑かれた人びと』（岩波書店）『ユーラシア文明の旅』『シルクロード文明の旅』（ともに中央公論）などの名著があれば、一人雑誌の『アイハヌム』（東海大学出版会）、共著に『シルクロード事典』（芙蓉書房）など数多い。

加藤さんの生涯で、シベリア抑留は運命的といえた。人生にとってもっとも活動的な23歳から28歳にかけて抑留されたが、加藤さんは自分の置かれている状況を知りたいと、ハルピンで入手した捕虜尋問用の『日露対訳会話集ロシア語』やロシア語の教科書などをテキストに猛勉強し、徐々にロシア語を習得していった。

抑留されながらも、自由な時間を活用しての独学だ。まさに加藤さんの真骨頂であるプラス思考で、シベリア抑留生活を「国費留学」と受け止め、逆に体験を活かそうと考えるようにしたのだ。その後の研究テーマや考古学への傾斜につながった、さらに酷寒の地で抑留された厳しい体験を通して、弱者への思いやりや、人との縁や絆を大切にする人間としての生き方にまで影響したといえよう。

持ち前の知識欲もあって、シベリア、中央アジアの考古学や民族学の研究に邁進した。１９９９年には、シベリアや中央アジアなどのユーラシア内陸部全域にわたるフィールドワークを行ない、シベリアの民族に関する記録を古今東西の資料と突き合わせることによって、歴史民俗学の新しい分野を切り拓いた。

加藤さんは、シベリアに抑留されていた時、「生きて帰ることができたら、どういう生き方ができるのか」と自問したという。その時は考古学に傾注することになるとは思いも及ばなかったそうだ。「私は酒も好きですが、人間も大好きです。その人間が脈々と営んできた歴史や交流に思いを馳せることがありました。ロシアからは素晴らしい探検家が輩出していて、影響を受けていたのかもしれませんね」と話していた。

そこで若い頃から感銘を受けたソ連の探検家らを掘り起こし紹介した。ロシアの探検家ニコライ・ミハイロヴィチ・プルジェワリスキー（１８３９－１８８８）もその一人だ。『シルクロードの大旅行家たち』（１９９９年、岩波書店）の中でも触れている。彼は中央アジア探検の途中、49歳で世を去る。しかし後世、楼蘭遺跡を発見したスウェーデンのスウェン・ヘディンらに多大な影響を与えた。

プルジェワリスキーは中央アジア探検だけで9年以上、距離にして3万キロ以上を旅に過ごした。探検家になるため陸軍の士官になり、その旅行記を自費出版した。文明をきらい、生涯独身を通し、ひたすら初志を貫いた、と加藤さんは紹介している。私は、3万キロといえば玄奘の旅を連想し、人間として為すべきことをめざす意志の強さから、加藤さんの人生をダブらせる。

「人生は素晴らしい。なぜなら旅ができるから」は、プルジェワリスキーの言葉だ。彼は今、イシク・クル湖畔に眠る。そこには記念碑が建てられている。碑には名前とともに、「内陸アジアの自然の最初の探検家」と刻まれていた。

私は１９９７年と、その翌年、この碑の前にたたずみ、日本の学者、加藤さんの生きざまに思いをつないだ。プルジェワリスキーの生涯は、同じ中央アジアで遺跡の発掘や保存に情熱を傾ける加藤さんの人生の手本となっていた。

巨大仏塔発見、薬師寺など支援に乗り出す

私が加藤さんと初めて会ったのは１９９７年6月。朝日新聞社の創刊１２０周年記念事業「シルクロード三蔵法師の道」調査団の派遣を控え、中央アジアの情勢などについて相談に訪れた。現地での豊富な経験と人脈を持つ加藤さんから、受け入れ研究機関や遺跡などの有力な情報提供を受けた。その1カ月半後に、キルギスのビシケクとトクマクの間に位置するクラスナヤレーチカにある仏教遺跡の発掘現場で再会した。私は調査団員の一人としてこの地に赴き、加藤さんから発掘した遺構の案内や出土物の説明をしていただいた。

この時、加藤さんは75歳だった。この年齢になってフィールドの考古学に本格的に取り組んでいたのだから驚きだ。現地の気温は白昼35度を超えていた。ほとんど毎日が土と向き合う孤独な闘いだ。

日本からの久々の客人たちということで、現地の学者らとも交歓でき、テントの中でスイカをごちそうになった。別れ際に加藤さん

キルギスタン発掘現場での加藤さん（1997年）

は、十八番という「あざみの歌」を歌ってくれた。「山には山の愁いあり海には海の悲しみや……秘めたる夢をひとすじに……あざみに深きわが想い」。その歌声はとても味わいがあり、ロマンあふれる老学者の姿に私はひっそり涙した。

1998年3月末、加藤さんはついにウズベキスタンのカラテパで十数メートルを超える方形の巨大なストゥーパ（仏塔）を掘り当てた。「幸運でした。発掘開始から3日目に、ストゥーパの一部が確認できたのです」と懐かしむ。4世紀前後に築造された主塔で、7世紀にこの地を通過した玄奘三蔵も仰ぎ見、立ち寄った可能性が高い一大発見だった。

「今度ばかりは学界に貢献できそうだ」。当時の新聞報道で、加藤さんは今後の発掘に期待を込めて語っている。資料の乏しい中央アジアの仏教遺跡解明に大きく寄与し、さらに周辺部の発掘調査の継続が望まれた。しかし退職後は援助してくれる企業や機関は見つからず、自費でやりくりするほかなかった。

この時の発掘資金の1万ドルは、自身の蓄えでまかなっていた。これから先、長期にわたる発掘調査を継続するには退職金や年金などをつぎ込むだけでは、すぐ底をつく。かといって資金援助の手を差しのべてくれるところも見当たらなかった。私は朝日新聞社創刊120周年記念事業の事前調査で薬師寺の安田暎胤執事長（当時）に同行しウズベキスタンを旅した。その時、テルメズにある仏教遺

加藤さんが発掘したストゥーパ基壇（2001年）

跡のファヤズテパを訪れた。ここでは高さが15メートルほどの仏塔を見たが、野ざらし状態になっていた。安田執事長は荒廃した仏塔に心を痛め、仏教遺跡を発掘する加藤さんの支援に乗り出すことになる。仏教はインドからヒンドゥクシュ山脈を経て中央アジアに入り、中国へ、やがて日本まで伝わってきたが、テルメズ周辺に一大仏教寺院が建っていたと思うと、シルクロードの悠久の歴史が偲ばれる。

薬師寺は1998年11月には、「テルメズ（中央アジア）仏跡発掘調査後援会」を発足させた。資金集めのための後援会をつくり、事務局を薬師寺に設置した。外国での仏教遺跡調査をこのような草の根の募金によって支援しようという事例は、極めて稀なことだ。

2014年になって、立正大学法華経文化研究所が発掘に関わることになり、ウズベキスタンと5年契約を結び、橋渡しの加藤さんは顧問に就き、薬師寺の基金も引き継がれた。こうして加藤さんの地道な発掘活動は、亡くなるまで続けられた。

無類の酒好き、興に乗れば「あざみの歌」

シルクロードに携わっていた私は、加藤さんと仕事を共にする機会が増えた。私が関わっていた（財）なら・シルクロード国際交流財団の主催する国際記念シンポジウムのパネリストになっていただいた。2002年には加藤さんの要請で、発掘成果の展覧会「ウズベキスタン考古学新発見展　加藤九祚のシルクロード」の開催を手

加藤さんと研究仲間のピダエフさん（2001年）

伝った。東京・奈良・福岡の三都市を巡回した。5年間かけて発掘した成果だった。

5年間かけて発掘した文物を中心とする105点は、文字どおり本邦初公開だった。加藤さんは「こうした仏像は仏陀の生涯のある場面を表現する柱頭に飾られた彫刻群の破片と考えられます。自分が掘り出したもので、展覧会ができるなんて、めったにあることではありません」と手放しで喜んだ。私にとっても、加藤さんの願いをかなえられたことは忘れられない思い出となった。

加藤さんは無類の酒好きで、会えばいつも居酒屋に向かった。酔うほどに、ライフワークとなった発掘ロマンを語った。そして興に乗れば「あざみの歌」を熱唱した。2004年秋、山梨のNPO法人・曼荼羅祈り写仏の会から招かれ、「わが熱き思いのシルクロード」のテーマで対談の機会を与えられた。

その中で、加藤さんは、「考古学を始めたのは65歳でしたけど、かっこよく言えば、人生に、もう遅いはありません。老いは免れませんが、好奇心は抑えられなかったのです。地下の文化遺産は、より明確に民族や文化の交流を物語っていて興味が尽きません。《ニュー・ツー・サイエンス》です。未知への探究心は永遠ということですよ」と明言された言葉に、感銘を受けた。

2014年2月、小雪の舞う東京・吉祥寺の駅に降り立ち、一年ぶりに加藤さんと会った。「それでは買い出しに行きましょう」。加藤さんは背中が少し曲がったものの、しっかりした足取りでスーパー

「ウズベキスタン考古学新発見展」で
（2002年）

に先行した。肉、キャベツ、豆腐、シイタケ……と次々と買い物籠に入れる。そして、何はなくともこれだけはという一升瓶の日本酒も。仕事部屋として駅近くに確保しているアパートの一室に落ち着き、手際よく鍋で煮込んだ。

十数年前に確保した仕事部屋は2DK。玄関を入るなり廊下に本棚。わずか8平方メートル足らずのスペースにソファが置いてあるほかは、どこもここも本の山。しかも本棚に収まった書籍の大半がロシア語の文献。そしてトイレの壁面にはユーラシア大陸の地図が貼られていた。加藤さんはこの30年余、年2回、約3カ月のウズベキスタン滞在から帰ると、ほぼ毎日、吉祥寺の自宅から、ここに通って過ごしていた。

2001年から年1回の発行で12号まで続いた『アイハヌム加藤九祚一人雑誌』（東海大学出版会）も、この小さな仕事部屋で生まれた。その個人誌では、発掘調査の概要や出土文物を伝えるとともに、テルメズの歴史・文化、ロシア・中央アジアの稀少な論文や書籍を翻訳して紹介している

加藤さんの一人雑誌『アイハヌム2001』の「中央アジア雑感」には、万感の思いで短歌一首が詠まれている。

半世紀経てなほシベリア想いつつ熱砂の下に仏跡掘る日々

その翌年、加藤さんから戴いた色紙にも、同じようにシベリア抑留に思いを馳せ、自身の心情を込めた文字が綴られ、胸に迫った。

偲ぶ会に参加した小池都知事ら（2016年）

人柄を懐かしみ、偲ぶ会に400人以上参集

加藤さんにとって、発掘の地での死は、まさに本懐であったのではなかろうか。4歳年下の奥さんの定子さんをお迎えしての偲ぶ会は、2016年11月3日、東京・新宿のJICA地球ひろばで催された。加藤さんが所属していた国立民族学博物館はじめ相愛大学、創価大学、立正大学や、発掘を支援した薬師寺などの関係者が発起人となり、代表は前田耕作和光大名誉教授（2022年死去）が務めた。

会場には、当時のファルフ・トゥルスノフ・駐日ウズベキスタン共和国特命全権大使の他、小池百合子・東京都知事、中山恭子・日本のこころを大切にする党代表ら各界から400人以上の方が集った。後方には立たれている方もいて、急遽、テレビで会の様子を流す別の会場が用意された。加藤さんの人柄が偲ばれる会だった。

会場正面には、2011年の翻訳出版記念会でウォッカの瓶を持ち笑顔の写真が飾られていた。平凡社の編集部時代、国立民族学博物館時代の仲間や、出版された書籍の関係者、ウズベキスタンの代表者ら交流のあった多彩な人たちが次々と思い出話を語った。中でも一緒にシベリアに抑留されていた92歳の方が、当時の加藤さんの思い出を披露し印象深かった。いずれの方も、底抜けに明るく笑顔の絶えない加藤さんの人柄

仕事部屋でくつろぐ加藤さん（2014年）

を懐かしんでいた。

生前の加藤さんと最後にお会いしたのは亡くなる前年11月末、天理大学だった。創立90周年の記念講演会のゲストに招かれた。天理大学図書館での特別展示「悲劇の天才言語学者ネフスキー」にちなんでの催しで、ネフスキーの思い出と自らの人生も振り返り話した。加藤さんが著した『天の蛇ニコライ・ネフスキーの生涯』は。２０００年初秋、朝日新聞の資料室で見つけ、一気に読んだ思い出がある。

ネフスキーは14年間に及ぶ日本滞在を終え１９２９年に帰国して、レニングラード大学教授、科学アカデミー通信会員となり、在日中に結婚した日本女性を故国に迎えて研究生活に没頭していた。そんなある日、レニングラード内務人民委員会（後のＫＧＢ）の係官にスパイ容疑で逮捕され、国家反逆罪という汚名をかぶせられ、無実ながら夫妻ともに粛清されたのだった。

しかしネフスキーは逮捕後20年、死後12年もたって名誉回復がなされ、ソ連国民としての最高の栄誉とされるレーニン賞を贈られたのだった。

最後に、偲ぶ会の案内状には、加藤さんの人生を物語る次のような文章が記されているので、加藤さんの「よすが」として、ここに記す。

労働者であり、学究であり、思索の人であり、行動の人であり、考察する人であり、文筆の人であり、大地を掘り下げる人であり、人間をこよなく愛する人であり、酒盃に詩の言葉を浮かべた人であり、ひたすら人びとに愛された人、加藤九祚はその日の到来を誰にも告げず、ひとり悠然ともう一つの新たな世界へと旅立った。

天理大学での講演会で挨拶（2015年）

「写仏」普及へ心血を注いだ安達原玄さん

独学で拓いた業績と遺志は引き継がれ活動

はるかに富士山を望み、南アルプスの山々が連なり、八ヶ岳の懐に抱かれた山梨県北杜市清里。まさに大自然の一角に仏画美術館がある。仏の姿を写す「写仏」の普及に心血を注いでいた安達原玄（本名・秀子）さんが1995年、釈迦の誕生日4月8日に美術館を開館した。館内の仏画や曼荼羅図はすべて玄さんが長年かけて制作した苦心作だ。それから20年の歳月が流れた2015年3月9日、玄さんは不帰の人となった。しかしその遺志は、息子の嫁、安達原千雪さんによって引き継がれ、仏画美術館は、現在も唯一無二のいやしの空間として立地し、安達原さんが2004年春に立ち上げたNPO法人「曼荼羅祈り写仏の会」は、全国的に活動を続けている。

50歳代の安達原玄さん

曼荼羅や菩薩など仏画に囲まれた癒しの空間

私がこの仏画美術館を初めて訪れたのは1999年秋のことだ。飛天が描かれた美術館の門をくぐると、2メートルの「仏足石」が置かれていた。お釈迦様が富士山に向かって世界の平和を願う、という趣旨だとか。館に入ると、もの静かで幻想的な音楽が流れ、香がただよい、季節ごとの草花がいたるところに飾られていた。2階の広く開かれた窓からは、八ヶ岳の田園が広がり遠くに富士山が望める。しばし日常の煩わしさを忘れ、心が安らいだ。

館内で目を引いたのは、天井や床に置かれている4・5メートル四方にもおよぶ曼荼羅図だ。紺紙金泥や極彩色の胎蔵界と金剛界の曼荼羅に圧倒された。さらに五大尊や釈迦仏画、大乗仏教で説かれた様々な菩薩、明王などの尊像画を含め約50の大作が並び壮観だ。作品以外にも、生きる人たちの喜びや悲しみなどを表現した世界各地の面(コレクション7～800点)や、風土にちなんだ仏像など、仏の世界に通じる置物が随所に展示されていた。

私がこの館を訪れるきっかけは、まさに仏縁といえる。当時、朝日新聞社の企画部に在籍していて、特別展「シルクロード三蔵法師の道」を東京都美術館で開催中だった。三蔵法師に関する年譜や地図、説明パネル、様々な装飾物などを譲ってほしい、との申し出があったからだ。

展覧会の終了後は廃棄されることになっていただけに問

天井を覆う《善財童子華厳絵巻》(1999年)

題はなかったが、引き取り先を確認しておく必要があった。それ以来、安達原玄さんの存命中は、ほとんど毎年のように清里を訪れ、美術館の空間に身を置いた。超大作の仏画作品に魅了される以上に、ふくよかでおおらかな表情の玄さんの人柄に惹かれた。そして主婦から一念発起し、女性では初めての仏画師といわれる玄さんの生き方に興味を抱いた。三蔵法師のお引き合わせかな、と思った。

2001年には、夏休みで霧ヶ峰に行った際も立ち寄った。特別企画展として、山梨の写仏教室の教え子たちが描いた「玄奘三蔵法師求法の道」展が開かれていたからでもある。1999年の特別展の時に使った写真パネルや年譜なども活用されていた。この日は名古屋からも写仏生多数が、バスで来観していて、交流できた。

2005年夏にも清里を訪れた。東京から来たという若い男女が仏のぬりえをしていた。数日前には身体に刺青をした男性数人が、時間をかけて仏画に見入っていたという。開館して丸10年を過ぎ、意外な客もしばしば見受けられるようになったそうだ。屈強な若者が瞑想したり、仏の絵に取り組んだりと、来場者の感想ノートには「とても落ち着いていやされました」「生きる勇気がわいてきました」といった文章が綴られていた。

母への供養と人生を問い、独学で極めた写仏

安達原玄さんは1929年、山梨市の笛吹川のほとりで6人姉弟の次女として生まれた。祖父が生糸工場を経営していたが、昭和の大恐慌のあおりで倒産。さらに幼少時、遊んでもらっていた女工さんから結核に感染し、一時隔離されて過ごす。父は家庭的な人ではなく、後に再婚する。人間不信が芽生え

た青春時代だった。

気丈な母は、女手で長女を女学校に行かせる。祖父の借金の取り立てにきた人が「女学校に行かせるくらいなら返金を」と迫ると、母は「借金は必ず返します。でも子供の教育は今でないと……」と懇願した。その熱意に心を打たれた借金取りは、証文を置いて帰ったというエピソードも。

母は32歳で亡くなった。死の床で「あなたたちを信じていますよ」との言葉を残し、ローレライを口ずさみながら旅立った。末の弟は1歳と2カ月。玄さんは12歳だったが、女手で働きながら6人もの子育てをした母の生きざまを心に深く印した。

やがて高度成長期に入り、設計技師だった夫は全国を飛び回っていた。深夜、一人で過ごしていると、次第に「生きるってどういうことか。自分とは何なのか」を考えるようになったという。そして始めたのが般若心経の写経だ。母の供養を願って1000巻をめざしていたが、600巻まで進めた頃から、気づけば仏さまの姿を描いていた。母の教えで貧しさと困難を乗り超えて築いた生活の安定だったが、心の平安を実感できなかった。何をどう描いていいか見当もつかないが、描いていくと清々しくなる体験をした。

30歳の頃、単身赴任の夫に洗濯物を届けての帰路、京都の博物館で神護寺の《高雄曼荼羅》を見た。「雷に打たれたような衝撃が走った」。華麗で荘重、神秘な世界に触れた思いがした。

「私と同じ人間の心と手が、こんなすばらしい細密画で、この世を包括した宗教世界を描いたのです。人間不信や生きることへの不満な思いを抱いていた自分の小ささを痛感しました」。玄さんは感激し「自らの手で曼荼羅を写すことで曼荼羅に描かれた真髄を体得することができるかもしれない」と決意した。

曼荼羅は804年、真言密教を学んだ空海が帰朝の時に持ち帰ったと伝えられている。諸仏、菩薩、神々を網羅し、悟りの世界や仏教の哲理を図解したもの。難しい経文だけでは理解がかなわない部分を図の助けを借りて布教に役立てようと意図されたのであろう。

曼荼羅の世界に魅せられたからといって、それを描くとなると至難なことだ。曼荼羅図は寺院の本堂内陣の奥深く仏像の背後に架けられており、拝観者にもよく見えない。時折、仏教美術展などで見ることが出来るが、作品の保護のため照明が落とされつぶさに観察できない代物だ。

玄さんは仏画の知識は全くなかった。図書館や古書店を巡り、文献や資料探しから始めた。経済的余裕はなかったが、京都や奈良のお寺や美術館に何度も通った。原図を手に入れ、ドイツ製の比例コンパスを取り寄せた。描いては消し、消しては描き、毎日毎日デッサンした。

一方で、仏画を描くとなると、仏教の教えも学ばなくてはならい。紙は？　筆は？　金泥の溶き方は？　何もかも試行錯誤の連続だった。この間、師匠を求め、仏画復元の第一人者だった宮原柳僊氏を訪ねた。

氏は「私は弟子を取らない。教えるものは何もない。あなた自身が見つけ出すものです」、「師は古画にあり。腰がギシギシいうまでその前に立ち尽くしなさい」と付け加えられた。

玄さんは心を決めた。生半可ではだめだ。古人も苦労して描いてきたのだ。私も自分の道を自分で歩こう。宮原先生を心の師として、これから師を求めることはやめよう。描くことしか、精一杯やるしかないのだ、と。

10年の歳月をかけ「高雄曼荼羅」を仕上げた。原寸大の完成品は、いま仏画美術館の天井に納まっている。その頃には、知らず知らず、手が体が心が写仏を覚え込んでいた。不動明王、菩薩、観音、飛天……。次々と作品が生み出された。

仏画展や手ほどきの本出版などで各地に普及

清里に美術館を開設するまで川崎市に住んでいたが、自宅を訪ねて来た市役所文化課の職員が、「祈りを繋ぐためにも、あなたの仏画を広く市民に見てもらいましょう」と、展示会の企画を持ち込んできた。1979年に川崎市民ギャラリーで初めて「仏教美術曼荼羅展」を開くと、大きな反響を呼んだ。

仏画を通して祈りと感謝を――との「祈り仏画展」は、出身地の山梨県立美術館をはじめ岡山、鳥取、東京・渋谷、高知、横浜、高崎などで毎年のように開かれるようになった。海外でも1980年に川崎市文化使節として仏画指導してからは、イギリス、フランス、ベルギーなどを巡回した。

鑑賞した主婦らから「ぜひ仏画を習いたい」との声が相次いだ。東京・銀座で写仏教室を開いたのに続き、自宅隣接地

写仏を指導する安達原さん（2014年）

に建てていたアパートでも開設。各所のカルチャーセンターから相次いで講師の要請があり、写仏教室は最盛期40カ所以上を数えた。一時期、門下生が2000人を超え、月の大半教える忙しさだったという。

写経には古い歴史があり、多くのお寺で写経が行われている。玄さんが普及させた写仏とは、仏の姿を絵筆で写すことだが、仏の心や教えを筆や紙などを使って、自身の慈悲心に移す、いわば祈りの「行」だという。「できれば筆をとる前に心身を清め、花を供え、香を焚き、合掌してから始めていただきたい」。これが安達原流の「写仏のすすめ」だ。

玄さんは後進の指導のため、制作はもっぱら深夜になり、睡眠時間がわずか3時間の日々が続いたそうだ。こんな多忙の中、1988年には縦185センチ、横160センチの「涅槃図」の紺紙金泥屏風一双、その後は4・5メートル四方の胎蔵界曼荼羅や金剛界曼荼羅など彩色の大作に挑んだ。3メートル20センチの釈迦金棺出現図も完成し、新境地を拓いた

即興で描く飛天を描く安達原さん（1996年）

釈迦の生まれたインドへ十数回、ネパールやチベット、中国、韓国、タイ、ベトナムなどへ旅を重ねた。各地の歴史を秘めた仏像との出会いが目的だった。インドでは広大な大地に沈む夕日の中を、古い塔にロウソクを灯す古老たち、頭に水瓶を乗せて行く娘さんの姿に、仏の道につながる原風景を見た思

いがしたという。

玄さんの目は社会に注がれた。1981年には戦災犠牲者の鎮魂と平和への願いを込め、「大日如来」を描き、広島市に寄贈した。一人一仏の「万人が描く曼荼羅運動」を提唱し、1985年には写仏教室の生徒らの仏画展が川崎で開かれ、市民ら1838人の筆が入った。

1985年に公開された映画『乱』（黒澤明監督）で、玄さんの描いた《阿弥陀如来》が使われた。この時はロケ地の山梨の富士山麓を訪ね、主人公の仲代達矢や黒澤明監督と記念写真を撮っている。55歳の時だった。

専門家しか手がけなかった仏画模写を一般人にも広めたいと、玄さんは本の執筆にも精力的に取り組む。わが国で初めての『写仏下絵図像集』（1～4巻）を出したのをはじめ、『写仏のすすめ』『写仏教室』『写仏巡礼四国八十八所』を、また画文集の『日常仏百態』『老いては子に従わず』（いずれも日貿出版刊）など二十数冊にも及ぶ。

画文集『仏のはがき絵 喜びも悲しみも』（日貿出版刊）には、つれづれなるままに思い描いたはがきに、好きな言葉が添えられている。表紙絵には「ありがとうそ

富士山麓のロケ地で仲代達矢と（1984年）

んな人生でありたい」と綴られ、後書きには「仏陀の愁いは果てしなく、仏陀の言葉は永遠に失われず。曼荼羅は人間の心のイラスト図です。ここを訪れた人に自分自身の御仏と会話してほしい」と記されている。

玄さんの遺骨はガンジス河に、その遺志は継承

玄さんは写仏普及の拠点として、私営の美術館を建設することは大きな夢だった。それが実現すると文化活動も積極的に取り組んだ。横笛演奏者や現代音楽家を招いてのコンサートや、チベット宗教画の絵師の講演、天台宗声明などのイベントも行った。

私も文化活動の講師として2度招かれた。2002年6月には、「夢を紡ぐ人生の旅」のテーマでお話しさせていただき、その後、玄さんとのトークでお互いの夢を語り合った。

2004年7月には、考古学者の加藤九祚さん（2016年死去）と「わが熱き思いのシルクロード」のテーマで対談の機会を与えられた。

清里で催された安達原さんと筆者のトーク（2002年）

私の著書『夢しごと』（東方出版刊）の出版記念の集いが2000年大阪で開かれた際は、出席して挨拶をしていただき、2002年の『夢を紡ぐ人々』（東方出版刊）の出版の会が鳥取で開かれた際にも山梨から駆け付けていただくなどの交流を重ねた。

2005年に名古屋で開催された「愛・地球博」の中央アジア共同館に展示されていた大涅槃仏が、仏画美術館に納まることになり、翌年4月に披露の会が催され出向いた。タジキスタンのアジナテパ遺跡から出土した13メートルの巨大仏（7世紀）だ。1300年もの時代を超え、右手を枕に微笑みの表情をたたえている。美術館にとって、玄さんの仏画とともに、素晴らしい展示物が加わった。

2004年に発足した「曼荼羅祈り写仏の会」には400人以上が入会した。2006年2月に喜寿を迎えた玄さんは、「写仏」活動に休む暇もない。孫弟子は全国に散らばっているが、山梨県下で5つの教室を受け持っていた。遠く長崎や徳島、福島などからやってくる約60人にも月1回、直接指導にあたっていた。受講生らとの海外ツアーも20回を数えた。そんな多忙な日々の上、手を痛めていたが、なおも毎日アトリエへこもる日々が続いた。

2011年の東日本大震災鎮魂のために、急遽釜石で「祈り

東日本大震災鎮魂のための大仏画を展示

仏画展」を開催した。布製の大仏画を海に向かって展示するとともに、写仏生らが水溶紙に描いた仏画や写経を海に流し供養した。

玄さん没後、跡を継いだ千雪さんは「写仏の普及の使命を担う」という意識が強くなったという。玄さんから直接指導を受けた各地の講師や生徒さんらと、「曼荼羅祈り写仏の会」や写仏教室の活動を続けている。

玄さんは生前、「私が死んだら遺骨をガンジス河に流してほしい」との言葉を遺していた。千雪さんらは２０１８年の3回忌で、その遺志を叶えた。新型コロナが終息に向かえば、インドへ供養の旅をし、玄さんの灯した「写仏の火」が燃え続けていることを報告したいと聞く。

仏画美術館へは遠のいているが、玄さんの思い出は忘れがたい。いただいた大きな散華には「生きるとは自分を探す旅」と認められている。もう一つリビングに掲げられている色紙額には「春風のような微笑は幸のもと」と記され、美術館の涅槃仏のようであり、玄さんのような笑顔の観音様が描かれている。その額を見るたび、私の脳裏に玄さんが蘇ってくる。

仏画に囲まれての葬儀（2015年）

生と死を見つめる、宗教学者の山折哲雄さん

「いのち」や「こころ」を伝える時代の語り部

国際日本文化研究センター所長時代の山折哲雄さん（2001年頃）

宗教学の第一人者である山折哲雄さんは、親鸞や蓮如、日蓮やダライ・ラマらの思想や生き方だけでなく、美空ひばりの感性を取り上げる一方、幸福と成功を追求する人生に一石を投じた『悲しみの精神史』（2002年、PHP研究所）を著す。生と死を見つめ、宗教とは何か問い続ける山折さんは20 20年2月、重度の肺炎に襲われた。呼吸困難に苦しみ、死を意識したというが、治療の甲斐があって回復した。2021年5月の朝日新聞に、「現代医学のおかげで生き返ったというか、まあ死に損なったんですな」とインタビューに応じ、心境を語った。2021年に90歳を迎えた山折さんを知って約四半世紀、私にとって心に残る示唆と、人生訓を与えられた。

ガンジーの生き方に感動し研究の道へ

山折哲雄さんは1931年5月11日、僧侶の父が布教のために渡ったサンフランシスコで生まれた。

帰国後は幼稚園から小学校5年まで東京で暮らす。東京空襲を逃れ、疎開した岩手県花巻市で高校までの思春期を過ごす。長男なので花巻市にある寺を継ぐはずだった。しかしインド独立の父・ガンジーの生き方に感動し、東北大学でインド哲学を学んだ。大学院に進み、上京後は数々の大学の講師に職を得る。研究の道を選択したため、寺は弟が継いだ。

昼は勤労者、夜は研究者の清貧生活の中で、蓮如の生きざまに興味を抱く。親鸞と異なり、生涯に5人の妻を得て13男14女をもうけた蓮如はおおよそ純粋な宗教人とは隔たっているが、分かりやすい説法で農民に浸透した。『人間蓮如』（1970年、春秋社／2010年、洋泉社）をまるごと描き、『思想の科学』に一挙掲載されたことが、学者としての出発点になる。

山折さんは1969年、春秋社に就職する。その後は学者として研究の道へ。1976年に駒沢大学、翌年から東北大学の助教授をはじめ、1982年から国立歴史民俗博物館教授、1988年からは国際日本文化研究センター（略称＝日文研）教授を務める。日文研退任後、1998年には白鳳女子短期大学の初代学長を経て、2000年に教育改革国民会議委員、京都造形芸術大学大学院長を歴任する。2001年から2006年までの5年間、再び日文研に戻り所長を務める。

2002年2月、日文研の所長室を訪問した際、山折さんは開口一番、「私は遊牧民だね。決して農耕民ではない」と、自らの生き方を振り返った。「同じ所に定着しないんだな。5年が限度かな。唯一の例外がここ日文研だ。教授として7年半いたからね」と言葉を継いだ。なるほど、山折さんの経歴をたどると、日文研の他はいずれも勤続は5年以内だ。

なぜ日文研だけ、そして三代目の所長として返り咲いたのか。「ここは居心地がいいんだ。それと初代所長の梅原猛さんの存在が大きかった」。気さくな口調、あどけない笑顔の宗教学者はこう付け加えた。「自身への公約がまた延期になってしまった。四国への遍路があこがれなんですがね」とも語っていた。

これまで山折さんは和辻哲郎文化賞（2002年）をはじめ、南方熊楠賞（2010年）を受賞。2010年に瑞宝中綬章を授かっている。幅広い視野から日本人の宗教意識や精神構造を捉える。著書に『近代日本人の宗教意識』（1996年、岩波書店／2007年、岩波現代文庫）、『愛欲の精神史』（2001年、小学館／2010年、角川ソフィア文庫全3巻）、『ブッダは、なぜ子を捨てたか』（2006年、集英社）、『生老病死』（2021年、KADOKAWA）など次々と発表している。

「三蔵法師」プロジェクトの基調講演や重責

私が山折さんに出会ったのは、日文研所長になる前、居心地のいい日文研を定年退職し、1998年に開校の白鳳女子短期大学の学長に就任してからだ。忘れもしないその開学式に訪ねた。当時、私が取り組んでいた朝日新聞創刊120周年記念のプロジェクト「シルクロード三蔵法師の道」の一環で、国際シンポジウムの企画検討委員会委員長になっていただくためだった。祝賀会の間隙を縫っての依頼となったが、快諾を得た。

シンポジウムは、なら・シルクロード博記念国際交流財団や日本ユネスコ協会連盟と共催し、97年の「三蔵法師の風土と足跡」に続き、99年に「三蔵法師その遺産と指針」をテーマに開催することが決まっていた。山折委員長の取りまとめで順調に具体化した。基調講演は日文研顧問だった梅原さんに引き受けてもらった。

山折さんは公開討論会で「玄奘三蔵はシルクロードのみならずインド国内も歩き回る僧だった。巡礼は人と人、人と物の交流をスムーズにし、何より異文化、異民族を結びつけた」と強調した。玄奘三蔵は偉大な宗教家にとどまらず、異文化交流を実践した、志の高い巡礼者なのだ。私が創刊記念企画として三蔵法師を取り上げた意図と重なり合う発言だった。

99年には、山折さんと同じ白鳳女子短期大学の教授で、かねてから知り合いの原田平作さん（2023年死去）からの要請で、「21世紀の宗教と哲学」の対談を応援した。対談は山折さんと、日本哲学会委員長の加藤尚武・京都大学教授で、京都の大谷ホールで催された。私は冒頭「本日の対談では、二人の碩学が宗教や哲学のワクを超え、その果たすべき役割や可能性を縦横無尽に話し合っていただきます」と挨拶をした。

この時の対談は一年後、『世紀を見抜く』（2000年、醍醐書房）として出版された。その中で、山折さんは「21世紀はますます、宗教と民族が世界の各地における紛争の火種になっていくでしょう。そもそも近代的な世界認識というのは、社会が近代化すればするほど宗教と民族の要因はしだいに制御され克服されていくという考えにもとづいていました。その我々の近代的な観念が今復讐を受けつつあるのです」と述べている。米でのテロ、そして報復のアフガニスタン攻撃を暗示するような先見的な発言だった。

シンポジウムで講演の山折さん（1997年）

山折さんは名高い宗教学者ということで、正直言って近寄りがたかった。しかしお話してみると、温厚で気さくな人柄に触れ、身近な人になった。その後、私的なことでも、面倒をみていただく。拙著『夢しごと三蔵法師を伝えて』の出版記念祝賀会に、駆けつけ祝辞までいただいた。「白鳥さんの口車に乗せられお付き合いしました。私にとっては夢地獄でした。私の故郷は花巻ですが、東北には白鳥伝説が数多い。優雅に泳ぐハクチョウは、水面下で懸命に水かきをしています。白鳥さんも頑張って下さい」と、ユーモアたっぷりのスピーチだった。その洒脱な人柄が山折さんの魅力のひとつと思えた。

また『夢をつむぐ人々』（2002年、東方出版）では、「心の世紀へメッセージ」といったテーマから、山折さんの言動について取り上げた。お会いする機会も増え、『夢追いびとのための不安と決断』（2006年、三五館）では、序文を引き受けてくださった。「日本列島の中で繰り広げられている地道な地域再興の物語が、きめこまかい実地踏査にもとづいていくつも報告されている」と、心温まる文章を寄せられた。

出版祝賀会で懇親の山折さん（2000年）

『夕焼け小焼け』の歌詞に仏教思想

私は山折さんの『宗教の行方』（1996年）『いのちの旅』（1997年、いずれも現代書館）や『宗教の話』（1997年、朝日新聞社）などを読んでいたが、日本および日本人の宗教に懐疑的な姿勢がうかがえた。

山折さんは98年に、神戸の阪神・淡路大震災復興支援館で「夕陽と日本人」と題した講演をした。その内容は、私にとって新鮮だった。なぜ日本人は夕焼け空に感動するのか。そのかなたに死後の理想的な世界、浄土を思い描いているのではないか。それは意識の底に流れているものだという。そして『夕焼け小焼け』（１９１９年、中村雨紅作詞）の歌詞に沿って、次のような解説を展開した。

一行目の「夕焼け小焼けで日が暮れて」は、東から太陽が昇り、西に沈んでいく日常の繰り返しに、歴史の深みを感じる。二行目の「山のお寺の鐘が鳴る」は、山から始まる仏教と、その鐘の音は人生の区切りを示す響きであり、無常の思想を伝えるメッセージとなっている。三行目の「おててつないで皆帰ろう」は、子供は親の元へ、大人も帰るべき所へ帰れとの意味だ。深読みすれば、帰らなければならない心の焦り、絶望感、悲しみ……といった重みだ。最後の「カラスと一緒に帰りましょう」は、帰るべき所に帰るのは人間だけじゃない。共生の思想といえるが、全てのものは命の終わる時がくるんだ。

夕陽を通して日本人の心性を分析する一方で、美空ひばりの演歌を通して日本人の感性にも迫っている。もちろんひばりの大ファンで、自宅には全曲を収めたＣＤがそろっている。ひばりの生前には新宿コマ劇場や帝国劇場をはじめ地方劇場にも出向いて行った。ラ

龍安寺の石庭でくつろぐ山折さん

イトを浴びた姿に釈迦誕生仏をダブだぶらせるぐらいだから相当なものだ。海外旅行にテープを持っていくほどで、夕食後や就寝前はひばり演歌でいやされるという。

『演歌と日本人「美空ひばり」の世界を通して日本人の心性と感性を探る』（1984年、PHP研究所）の中で、こう書いている。「突然の啓示のように、美空ひばりの演歌とご詠歌が急に似た者同士の音楽のように思えてきた。ご詠歌の底に流れている哀調をおびた無常感は、美空ひばりの節回しの中にも流れているのではないか。演歌の心をたぐり寄せ、その源流をさかのぼっていくとご詠歌の岸辺に出るのではないか。そんな思いが喉もとをつきあげてきたのである」

山折さんといえば、オウム真理教事件の3年前に麻原彰晃教祖と『別冊太陽』で対談していた。そして事件後『諸君』（1995年6月号）で、その犯罪を単なる反国家的、反社会的な逸脱行為といったとらえ方でなく、現代日本宗教の危機的な状況とその深部にメスをいれなければ、と主張していた。「オウム真理教による暴走と狂気の集団行動を、われわれ自身が生きているこの近代社会のなかにしっかり位置づけるとともに、われわれ自身が体験し通過してきた自己認識の内実を真剣に点検してみることではないか」と、結論づけていた。

『ブッダは、なぜ子を捨てたか』（2006年、集英社新書）でも話題を呼んだ。その中で、ブッダは我が子に「悪魔」と名づけたと書いている。山折さんは、「シッダールタが、初めての子が生まれた直後に家を出て修行し、35歳で悟りを開いた。ありとあらゆる苦行をやっています。究極的には、自分の犯した罪、罪から免れるための自責の中にいる生活段階ですが、自分を捨てるためのステージでもあったと思います。なぜ家を出たのか、子どもに何故「悪魔」と名付けたのかという問題がそこから明らかになるのではないでしょうか」と言及している。

「共死」の考えと、「万物生命教」の持論

その後も山折さんとの交流は続く。2002年3月には備前の陶芸家・森陶岳さんの窯に同行した。森さんを囲んで窯変談義をした。山折さんは「火入れにしめ縄をはっているのは神の降臨を前提とする結界ですが、登り窯それ自体が一種の宗教的空間です。修行者が修行を通して仏と一体化するように、窯のなかでの作品も単なる土の塊から窯変の過程を経て芸術作品に変容するのですね」と語られていた。

私が住んでいる泉大津市が2012年、市制70周年記念で開催したカルチャー・スコール「日本人の『こころ』」の講師に、山折さんを紹介した。

2015年には、「お地蔵さんはいつでも」出版記念パーティーの案内が届き京都の会場に駆け付けた。山折さんが「平成地蔵賛歌」という詩を書かれ、それに永田萠さんが絵を添えて素敵な絵本『お地蔵さんはいつでも』が出版されたのを記念する催しだった。このパーティーや絵本の収益で、東日本大震災の被災地に、お地蔵さんを贈る活動の一環だった。

私にとって一番の思い出は、2006年10月、大阪の朝日カル

出版記念パーティーで永田萠さんと（2015年）

チャーセンターの公開講座だ。私が聞き役で、「混沌のいま、語り継ぐ命と心」をテーマに、共生のあり方などについて、見解を伺った。その締めくくりに、「人が生きていくうえで、伝えたいことをお聞きした。山折さんは、歯切れよく次のような言葉を強調した。

共に生きる人間は、いずれ共に死ぬのです。無常の原則が貫かれるわけです。教育界は、「生きる力」の一本槍です。仏教界も「共死」を言わない。人生80年の時代というのは、老病死をじっくり見つめながら最期を迎える、そういう時代なんですね。ところがその老病死をじっくりと見つめるためのモデルはどこにあるかというと、どこにもない。それが、今の日本社会を不安にしている一番の原因だと私は思います。

山折さんは毎朝、座禅を組むことを日課にしていた。線香が燃え尽きて消えるまでの1時間。座禅は昔、永平寺で手ほどきを受けた。とはいえ「無念無想なんて一度もありえません。いつも雑念妄想なんですよ」。原稿のこと、食べ物のこと、仕事のこと、あいつにも会ってみたいな……。その朝のひとときは、「われ考える、ゆえにわれあり」といったデカルトの心境だそうだ。

朝日カルチャーセンターの公開講座（2006年）

毎年、正月に夫人と遺言を書き換えている。「生き残った方が旅に出かけた際、遺灰を山や海にまいてほしい」」。ガンジーの遺骨は1948年、ガンジス河に流された。そして自身も一握散骨が願いだという。墓はいらない自然葬に共鳴していることもあって、お寺からの講演依頼はほとんどこないという。

　山折さんは、日文研の所長就任にあたって、日本文明の研究を起ち上げた。異なる文明、宗教、民族の対立で幕開けた21世紀、共生への思想をどのように考えたらいいのか。山折さんの答えは明解だ。「多神教以前、一神教以前の宗教意識が大切ではないでしょうか。イスラム教もキリスト教もユダヤ教も存在しなかった時代、天地万物すべてのものに魂が宿っている信仰が存在したんです。私は万物生命教とでも呼びたい。地球が紛争や環境破壊で行き着くところまできたら、そこに帰らざるをえないのではないでしょうか」

　紛争の絶えない国際情勢や地球環境の悪化、新型コロナの世界的な感染など混迷の世の中。私は山折さんこそ、「時代の語りべ」だと確信している。

書斎で執筆中の山折さん

座禅を組む山折さん

白鳳伽藍再興に尽力、薬師寺長老の安田暎胤さん

玄奘三蔵を顕彰、「心の復興」を唱える宗教者

法相宗大本山薬師寺で唯一、創建当時から１３００年を超す時を経て現存している国宝の東塔は２０２３年春、大規模修理完了の落慶法要が行われた。すでに２０２０年全面的な解体大修理事業を終えていた。新型コロナウイルス感染拡大により延期されていたが、完成後は一般公開されている。薬師寺は金堂に続き、西塔、講堂、食堂《じきどう》など次々と再興し、創建時の白鳳伽藍が蘇っている。この陣頭指揮に当たったのが、亡き高田好胤師と安田暎胤《えいいん》さんで、安田さんは講堂の落慶法要の大導師を勤めた。現在は長老となり、ウクライナの戦争の停戦、新型コロナの終息と、人々の「心の復興」を祈っている。

1990年代の安田暎胤師

般若心経写経による白鳳伽藍再興し発展の礎

安田さんは１９３８年に岐阜市のお寺に生まれた。玄奘三蔵は13歳の時に仏門に入ったが、安田さんも12歳（数え13歳）で出家し薬師寺に入山した。橋本凝胤《ぎょういん》管主の薫陶を受けながら、龍谷大学の仏教

学科を卒業し、同大学院修士課程へ進学した。高田好胤《こういん》管主のもと、１９６７年に29歳で執事長に就任した。以後31年間にわたって執事長の要職を全うした。

日本でオリンピックが開催された１９６４年には、名古屋大学学術調査隊員として4カ月間アフガニスタンを踏査している。調査には、この書でも取り上げている前田耕作さん（２０２２年死去）も同行しており、バーミヤンに着いた翌朝、大仏に向かって線香をあげ、合掌する僧侶がいたが、その人こそ同行した学僧の安田さんだったと懐かしんでいた。

安田さんは、玄奘三蔵も仰ぎ見たバーミヤンの大石仏をつぶさに調査し、馬に乗ってヒンズクシュ山脈を越えるなど貴重な体験を重ねた。そのバーミヤンの大石仏はタリバンによって破壊され、９・11テロの報復として軍事介入していたアメリカの撤退後、再びタリバンが支配している。

「20世紀は前半軍事、後半経済での争いの時代だった。21世紀は与え合う心の時代にしなければならないと思う」と語っていた安田さん。「アフガンやパレスチナの紛争は、宗教の争いが原因のように言われていています。でもいかなる宗教も平和を願い、人を殺す思想はありません」ときっぱり。

言葉を継いで、「ただ宗教はその国の長い民族の伝統と習慣の中に溶け込んでいますので、宗教を無視しては深い真の交流はできません。中国人でありながらインドで発祥した仏教を伝え、異文化交流を実践した玄奘の先見性に学ぶべきです」と強調する。

安田さんの功績は何といっても、まず般若心経の百万巻写経による金堂復興勧進の発案だ。「ただ資金を集めるだけでなく、人々の心の中に仏心を培ってこそ意義がある」と主張した。「理想論過ぎて無謀」との批判もあったが、好胤師とともに写経の大勧進を断行し、伽藍復興を成し遂げたのだった。

安田さんは、玄奘三蔵の分骨を拝受することにも力を注いだ。薬師寺は法相宗の大本山なのだが、宗祖の慈恩大師は玄奘三蔵の弟子にあたる。その玄奘の遺骨が、1942年に中国の南京郊外で日本軍部隊によって発見された。この遺骨の一部が日本に引き渡され、転々とした後、埼玉県岩槻市の慈恩寺に納められた。安田さんは1971年、慈恩寺に参拝し分骨願いを打診したのだ。これがきっかけになり、全日本仏教会の許可を得た。そしてこのご頂骨を納めるため、これも写経によって、玄奘三蔵院を建立し、その中央の八角形のお堂の地下に安置したのだった。

さらに2003年から6年間、薬師寺管主と法相宗管長を務める一方、日中韓国際仏教交流協議会の副理事長を引き受け、世界宗教者平和会議（本部・ニューヨーク）の日本支部で非武装・和解委員会の委員長としても活躍。「宗教者は今こそ、政治家とは違った立場で平和活動に取り組む必要がある」と訴えた。

玄奘を絆にシルクロードの旅にも同行

私が安田さんと面識を得たのは1996年4月のこと。朝日新聞社に在籍時、創刊120周年記念プロジェクト「三蔵法師の道」を進めるため、玄奘三蔵ゆかりの薬師寺に協力を要請した。当時、好胤管主は朝日嫌いだったが、安田執事長は、テーマが玄奘三蔵だったのと、先述の千田稔さんの支えもあって、協力していただけることになった。

こうして97年2月、安田暎胤・順恵《じゅんけい》ご夫妻や、共催の（財）なら・シルクロード博記念国際交流財団事業課長らとともに予備調査のため、私は初めてシルクロードに足を踏み入れた。これをきっかけにシルクロードが私のライフワークとなった。

安田さんは朝4時に起き、ＮＨＫラジオの「心の時代」を聞きながら、真向法《まっこうほう》やヨガの柔軟体操の後、金堂はじめ寺内の諸堂を巡拝するのが日課だった。旅先の一日も、朝は体操と、般若心経などの読経から始まる。食事の前には感謝の言葉を述べ、仏跡で経を唱える安田さんとの旅の日々、平穏無事であることのありがたさを思った。中央アジアのタシケントでは日本人墓地を回って線香を上げ、墓守に施しをする光景に、心を寄せた。

出会いから4半世紀、安田ご夫妻とは公私にわたるお付き合いとなった。私にとって「玄奘三蔵が引き合わせてくれたご縁」のようにさえ思える。数多くの人生訓を学ばせていただいた上、夫妻それぞれの幅広い人脈がご縁で、幾人ものすばらしい出会いの機会を与えて下さった。その一人に奈良教育大学名誉教授で美学者の寺尾勇さん（２００2年死去）がいた。１９98年に、安田ご夫妻に伴われて寺尾さんの自宅を訪問し、安田さんから寺尾さんとの出会いを聞かせていただいた。

サマルカンドで安田さん夫妻と（1997年）

二人は対立する立場にあった。１９６６年に古都保存法が成立し、薬師寺はその特別保存地区に指定された。75年当時、金堂復興に続いて西塔の復元建立が俎上に上っていた。要するに西塔の復興によって生じる風致の問題と、基礎工事で杭を打つことに伴う史跡破壊が論議を呼んだ。30代の若き執事長の安田さんは、歴史的風土保存を唱え、猛反対の急先鋒だった寺尾さん宅へ直談判しての説得に乗り込んだ。それまでの議論を通じ、寺尾さんは話せば分かる人だと直感したからだという。

「寺は観光名所だけではなく、生きた宗教活動の場所です」。本来の宗教家の使命を訴えながら「創建千三百年の薬師寺に西塔を再興し、千三百年先を見ていただけないでしょうか」。安田さんの熱っぽい訴えに、寺尾さんは、その心意気と寺の将来を見据える意思を了解し、「賛成します」と約束したのだった。親子ほどの年齢差があったが、寺尾さんは「もっと早く、あなたに会って話をすれば良かった」と応じたそうだ。

寺尾さんはその時90歳。『ほろびゆく大和』（1968年）『大和古寺心景　滅びるもの、甦るもの』（1998年、いずれも創元社刊）『飛鳥の里』（1972年、朝日新聞社）など数々の名著を出し、一貫して大和の美を訴え続けた老学者は「私は自然に滅びゆく美を愛しています。でもこのあたりでロマンの旗を降ろすことにしました」。寂しくも印象に残る言葉を口にした。

安田さんとの絆は、とりわけ玄奘がたどったシルクロードの旅に5度も同行させていただいたことだ。(財)なら・シルクロード博記念国際交流財団は薬師寺の協力で「玄奘の旅を旅しよう」と1997年から4年がかりで、中国を皮切りに中央アジア、ガンダーラ、インドと、一般から募った100人規模の聖地巡礼ツアーを実施した。その旅に合わせ、私の勧めで安田さんは全4冊の『玄奘三蔵のシルクロード』（1998~2002年、東方出版）を著した。

『玄奘三蔵のシルクロード』のシリーズ完結を記念した出版祝賀会は玄奘の命日を選んで2002年2

月5日、大阪・上本町の都ホテルで開かれた。奈良県知事はじめ約550人が出席した。安田さんは「薬師寺は、お写経によって伽藍の再興を進めております。その一角に玄奘三蔵院が建設され、2000年の大晦日に平山郁夫画伯の壁画も奉納されました。法相宗の開祖であられる玄奘を顕彰する責任を痛感しております。このつたない本がお役に立てればと願うばかりです」と、お礼の挨拶をされた。

全4巻とも写真を担当されたのが、安田順恵さんだ。国際ソロプチミストの活動をはじめ、楼蘭と尼雅《ニヤ》遺跡を踏破した初の日本女性でもありとても行動派だ。近年は母校の奈良女子大学の大学院に社会人入学し、修士を終え博士課程に進み、玄奘三蔵の取経ルートの研究を重ねる研究者でもある。ツアーには毎回、100本以上のフイルムを持ち込んでの奮闘ぶりだった。

4冊分のページ数は約750ページにもなる。安田さんが最後のインド編を書き終えたのは2001年9月末。その執筆が追い込みの頃、ニューヨークで同時多発テロ事件が起こった。

インド編のあとがきに、「玄奘三蔵の歩まれた道は、その時代も戦乱により国の興亡の激しい時代でした。人類は平和を願いつつ何故戦争を繰り返すのでしょうか。それは国家であれ、民族であれ、個人であれ、皆それぞれの自己中心的なエゴに原因がありま す。それから生ずる貧富の不均衡や人種の差別、社会的抑圧な

インドの旅で安田さんと順恵さん（2000年）

どから争いへと発展していく」と書き込んでいる。

各地でまごころ説法、「人生120歳」も持論

安田さんとの長いお付き合いで、夫人の順惠さんのことは、書き加えておかなければならない。主人の暎胤さんは執事長から副住職、管主と要職を昇るが、「私は主人の私設秘書です」という順惠さん。国際ソロプチミスト「奈良まほろば」や調停委員などの活動で幅広い人脈を持つ。シルクロードの旅同行も含め、ご夫妻との交流が、私の人生に多くの示唆と感動をもたらせてくれた。

順惠さんは、早くから「玄奘の道」を追い求め、64歳で母校の奈良女子大学大学院に社会人入学し、69歳でついに「玄奘の道」をテーマにした論文で文学博士号を授与され、『玄奘取経の交通路に関する地理学的研究CORONA衛星写真と現地踏査を基に』（2006年、東方出版）を著すなどのパワーウーマンでもある。ご夫妻とどれほど多くの時間を共有させて戴いたことだろう。

この間、薬師寺玄奘三蔵院に2000年大晦日に玄奘三蔵をテーマにした《大唐西域壁画》が奉納された。その前後、足繁く薬師寺に通い、平山郁夫夫妻を交え歓談させていただいた記憶も昨日のように思い浮かぶ。

平山郁夫画業50年展で安田さんら（1998年）

東京・日本橋の三越劇場での暎胤さんの「まごころ説法」を２００２年2月、上京して聞いたことも。この催しは、１９８５年1月から好胤師が月に一回の形式で始め、その後は主として安田さんが引き継いでいた。それまでに約２００回を数え、安田さんもすでに約60回に及んだ。

約３００人の聴講者には、行きずりに足を止めて聴く人もいるという。安田さんは「玄奘は国禁を犯して中国の長安から異民族との言葉の不自由さを乗り越えてインドの天竺まで１１０もの国々を巡ったが、帰国までの道のりは約3万キロ、17年の歳月もかかりました。帰国後は『大唐西域記』を口述筆記させ、般若心経など１３３５巻もの経典を訳しました」と、ビデオなどを使って分かりやすく解説した。

安田さんはまごころ説法のほか、薬師寺本山と東京別院や大阪、名古屋、岐阜でも定期法話をこなす。高齢社会を見越して心の持ち方と健康について、適度な運動と腹八分の食事、喜びと感謝の気持ちが大切と強調する。「人生１２０歳」を主張し、こんな話をされた。

壁画奉納の日、中央が平山美知子夫人（2000年）

人生は25歳までが春。なんでも吸収できる。25歳から65歳までが大きく繁茂する夏の時期。一家の大黒柱として、子孫を育て、残す時期。65歳から90歳までが秋。人生での実りのとき。ここで収穫を得るために春や夏の手入れがある。文化人や経済人でも70歳代でいい仕事をしている人が多い。90歳を過ぎたら冬。「今あるのは世間様や子、孫、天地自然のおかげ。おおきに、おおきに」と、感謝だけしていればいい。年齢をとることは、それなりに経験を重ねることですばらしい。

2003年10月9日、安田さんの新管主就任式である晋山式が約2000人参列し大々的に営まれた。緊張されていたもの、安田さんの晴れ舞台は脳裏に焼き付いている。私の出版祝賀会では発起人を引き受け、挨拶だけでなく、私のことを替歌にして披露されたりもした。

思い出は尽きないが、私の定年後、東京の朝日カルチャーセンターと京王プラザホテル連携の公開講座も快諾され、2007年1月に対談させていただいたことも貴重な思い出となった。薬師寺再興や宗教の役割、世界平和など話題は多岐にわたったが、その中で安田さんは「5つの心を呼び覚ませ」と話されたことが印象深い。「5つの心」とは、感謝する心、思いやりの心、敬う心、赦す

安田暎胤管主の晋山式（2003年）

出版祝賀会で替え歌披露の安田さん（2000年）

心、詫びる心、だと言う。

墓石に彫った文字の揮毫や生前戒名を授かる

私の家の床の間に、「無事是吉祥」と大書された掛軸を掲げている。安田さんの筆による。2020年末に久々薬師寺に安田さんを訪ねた。安田さんは書の達人で、奈良や名古屋の百貨店で近年「墨蹟展」も催していた。その目録から選んだ掛軸が寄贈された。コロナ禍を憂い、自粛を余儀なくされる日々、「何事も無いことがめでたい」と解されるが、本来の意味は深い。「無事」の「無」も「無我」に通じるのではないだろうか。この掛軸に目をやる度に、虚心坦懐にして心が癒される。この書を閉じるにあたって、安田さんとの絆で、触れておきたいことがある。この連載をネットで始めたきっかけは、コロナ禍、後期高齢を過ごす私にとって、「終活」は切実な問題であった。短いようで長い人生を生きてきた証として、その体験を、ネットの「ｎｏｔｅ」などで伝えることにした。

それと同時に、自分の墓と戒名を準備しておこうと考えたのであった。

東京・京王プラザでの公開講座で対談（2007年）

生前戒名をお願いする方は、長年の交誼で私のことをよく知る薬師寺長老の安田さんおいてほかにはなかった。しかし薬師寺は天皇家に由来する格式の高いお寺であり、葬式仏教とは無縁である。しかもその薬師寺で管主を務められた長老である安田さんに懇願することはあまりにも失礼ではないか、と思われた。

先延ばしはできないと意を決し、2020年晩秋、薬師寺に安田さんを訪ね、心情を率直に話した。安田さんは、墓地のある曹洞宗のお寺の了解があれば、と受諾されたのだった。さらにデザイン墓と称される墓石に彫った文字「翔夢」の文字の揮毫も引き受けてくださった。安田さんの筆で認《したた》められた墓標と戒名に恥じないように、残りの人生を生きたいと切に願う。

安田さんが名づけた私の戒名を記し、筆をおく。

「清日院究真正道居士」

墓標に刻んだ安田さん揮毫の文字「翔夢」(2020年)

安田さんから授かった生前戒名(2020年)

❖ 白鳥　正夫（しらとり まさお）

1944年、愛媛県新居浜市生まれ。中央大学法学部卒業後、朝日新聞入社。鳥取・金沢両支局長、企画部次長を経て企画委員。文化ジャーナリスト・ジャーナリズム研究関西の会会員・平山郁夫美術館企画展コーディネーター。朝日新聞社在籍時、戦後50年企画や、創刊120周年記念プロジェクト「シルクロード三蔵法師の道」の中心的役割を担う。著書に『シルクロードの現代日本人列伝』『幻の創作ノート「太陽はのぼるか」新藤兼人、未刊映画の精神』『無常のわかる年代の、あなたへ「共に生きる」ことの意味』（以上、三五館）『アート鑑賞の玉手箱』（梧桐書院）『夢しごと』『夢をつむぐ人々』（以上、東方出版）など多数。

絆で紡いだ人間模様
―私の出会った先達の人生訓

2024年1月11日　第1刷発行

著　者　白鳥正夫

発行者　太田宏司郎
発行所　株式会社パレード
大阪本社　〒530-0021　大阪府大阪市北区浮田1-1-8
TEL 06-6485-0766　FAX 06-6485-0767
東京支社　〒151-0051　東京都渋谷区千駄ヶ谷2-10-7
TEL 03-5413-3285　FAX 03-5413-3286
https://books.parade.co.jp
発売元　株式会社星雲社（共同出版社・流通責任出版社）
〒112-0005　東京都文京区水道1-3-30
TEL 03-3868-3275　FAX 03-3868-6588
装　幀　河野あきみ（PARADE Inc.）
印刷所　中央精版印刷株式会社

ISBN 978-4-434-33283-8　C0095